국민 KOOKMIN KOREAN 한국어 2

워크북

국민대학교 국제교육원 한국어교육센터 편

국민대학교 출판부

국민 KOOKMIN KOREAN 한국어 2 워크북

국민대학교 국제교육원 한국어교육센터 편

초 판 1 쇄 2016년 9월 20일
초 판 2 쇄 2017년 12월 13일
초 판 3 쇄 2019년 3월 25일
초 판 4 쇄 2020년 10월 30일
초 판 5 쇄 2022년 12월 16일
초 판 6 쇄 2024년 01월 30일
초 판 7 쇄 2025년 01월 20일

편 집 인 국민대학교 국제교육원
집 필 진 정연희, 박근영, 강보미, 노미연, 윤보은
감 수 이동은, 김호정

발 행 인 정승렬
발 행 처 국민대학교 출판부
등 록 1975년 6월 17일 제6-33호
주 소 서울특별시 성북구 정릉로 77
전 화 02-910-4242
팩 스 02-910-4240

인 쇄 삼아인쇄사
전 화 02-2272-2126

ISBN 978-89-7812-379-2

값 13,000원

목차

Contents

1과 한국어를 배운 지 얼마나 됐어요?

어휘

1. 다음과 같이 (보기) 에서 알맞은 단어를 골라 쓰십시오.

보기

하루 이틀 사흘 나흘

20일	21일	22일	23일	24일	25일	26일
시험 준비	시험 준비	시험	제주도	제주도	제주도	제주도
1) 이틀		2) ______		3) ______		
27일	**28일**	**29일**	**30일**	**31일**		
부산	부산	부산				
4) ______						

2. (보기) 에서 알맞은 단어를 골라 문장을 완성하십시오.

보기

친하다 이사하다 시작하다 연주하다

1) 저는 투이 씨와 고향이 같아요. 그래서 투이 씨와 아주 ______________아요/어요.

2) 한국어 수업은 아침 9시에 ______________아요/어요.

3) 지금 살고 있는 집이 비싸서 다른 곳으로 ____________(으)ㄹ 거예요.

4) 이리나 씨가 우리 반 학생들 앞에서 피아노를 ____________고 있어요.
정말 피아노를 잘 치네요.

보기

가장 선배 연기 새집 인기

5) 이 집은 사람이 한 번도 살지 않은 ________이에요. 그래서 깨끗해요.

6) 우리 반에서 카오루 씨가 1등이에요. 카오루 씨가 우리 반에서 ________ 공부를 잘해요.

7) 저 영화배우는 아주 ______________을/를 잘해요.

8) 압둘라 씨를 좋아하는 사람이 많아요. 압둘라 씨는 ____________이/가 많아요.

9) 미나 씨는 2014년에 학교에 들어갔고 저는 2015년에 학교에 들어갔어요.
미나 씨는 제 ______________이에요/예요.

-(으)ㄴ 지

1. 보기 와 같이 문장을 완성하십시오.

보기

그 사람을 만난 지 한 달이 됐어요. (만나다)

1) 이 책을 ______________ 3년이 됐어요. (읽다)
2) 한국어를 ______________ 6개월 됐어요. (공부하다)
3) 이 영화를 ______________ 2년이 됐어요. (보다)
4) 이 사진을 ______________ 5년이 됐어요. (찍다)
5) 이 집에서 ______________ 3개월 됐어요. (살다)
6) 밥을 ______________ 10분이 안 됐어요. (먹다)
7) 그 얘기를 ______________ 벌써 1년이 됐어요. (듣다)
8) 이 빵은 ______________ 1시간이 안 됐어요. (만들다)

2. (보기) 와 같이 대화를 완성하십시오.

보기

가 : 언제 한국에 왔어요?

나 : 한국에 온 지 삼 개월 되었어요.

1) **가 :** 이 학교에 언제부터 다녔어요?

   나 : 작년 1월부터요. ____________________ 6개월이 되었네요.

2) **가 :** 언제부터 영어를 배웠어요?

   나 : ________________________________ 3달이 됐어요.

3) **가 :** 점심을 아직 안 먹었어요?

   나 : 아니요, _________________________ 1시간 됐어요.

4) **가 :** 이 빵은 언제 만들었어요?

   나 : 어제 만들었어요. ______________________ 하루 됐어요.

5) **가 :** 그 얘기를 언제 들었어요?

   나 : _____________________________________ 1시간 됐어요.

3. 다음 표를 보고 글을 완성하십시오.

2012년 3월	2013년 3월	2014년 9월	2014년 12월	2015년 2월	2015년 3월(현재)
한국 가수 K를 좋아하다	한국에 오다	투이와 기숙사에서 같이 살다	고향에서 엄마가 만들어 주신 음식을 먹다	일본어를 배우다	

안녕하세요? 저는 한국 노래를 좋아해서 2013년 3월에 한국에 왔어요. 제가 한국에 1) 온 지 3년 됐어요. 저는 2012년 3월에 노래 '커피'를 듣고 한국 가수 K를 좋아했어요. K를 2)________________________.

제 가장 친한 친구는 투이예요. 우리는 기숙사에서 같이 살아요. 투이와 같이 3) ________________________.

외국 생활을 하면 가끔 엄마가 만들어 주신 고향 음식이 먹고 싶어요. 고향에서 엄마가 만들어 주신 음식을 4) ________________________.

저는 이번 여름에 일본에 놀러 갈 거예요. 그래서 2월부터 일본어를 배우고 있어요. 일본어를 5) ________________________. 여름에 일본에서 재미있는 시간을 보낼 거예요.

(이)랑

1. 맞는 것을 고르십시오.

> 백화점에서 옷(㉠이랑, ㉡랑) 구두를 샀어요.

1) 아침에 빵(㉠이랑, ㉡랑) 우유를 먹었어요.

2) 생일 파티에 카오루(㉠이랑, ㉡랑) 이리나가 왔어요.

3) 수요일(㉠이랑, ㉡랑) 금요일에 기타를 치러 가요.

4) 우리 집에 세탁기(㉠이랑, ㉡랑) 냉장고가 필요해요.

5) 오늘 우체국(㉠이랑, ㉡랑) 은행에 가야 해요.

6) 감기에 걸려서 목(㉠이랑, ㉡랑) 머리가 아파요.

2. (보기) 와 같이 대화를 완성하십시오.

보기

가 : 오늘 뭐 할 거예요?

나 : 집에서 청소랑 빨래를 할 거예요.

1) 가 : 명동에서 무엇을 샀어요?

나 : ______________________________.

2) 가 : 오늘 저녁에 무슨 음식을 만들 거예요?

나 : ______________________________.

월	화	수	목	금	토	일
		영어		영어		

3) 가 : 언제 영어 학원에 가요?

나 : ______________________________.

5월 13일 오늘

- 병원
- 도서관

4) 가 : 오늘 어디에 가요?

나 : ______________________________.

5) 가 : 이리나 씨 생일 파티에 누가 왔어요?

나 : ______________________________.

6) 가 : 윤아 씨가 누구하고 영화를 봐요?

나 : ______________________________.

종합 연습

'-(으)ㄴ 지'와 '(이)랑'을 사용하여 대화를 완성하십시오.

투이	미카엘 씨, 안녕하세요? 저는 투이예요.
미카엘	안녕하세요? 만나서 반갑습니다.
투이	미카엘 씨, 한국에 ____________________?
미카엘	1년 됐어요. 투이 씨는요?
투이	저는 한국에 ____________ 6개월 됐어요. 미카엘 씨는 어디에 살아요?
미카엘	학교 근처에 살아요.
투이	혼자 살아요?
미카엘	아니요, ________________________. 투이 씨는 한국에서 어디에 가 봤어요?
투이	저는 ____________________ 가 봤어요.
미카엘	아, 그래요? 저도 가 보고 싶어요.

2과 방학 때 고향에 다녀왔어

어휘

1. 다음과 같이 관계있는 것을 연결하십시오.

1)	2)	3)	4)	5)
딸기	설거지	만두	호수	낚시
㉠	㉡	㉢	㉣	㉤
		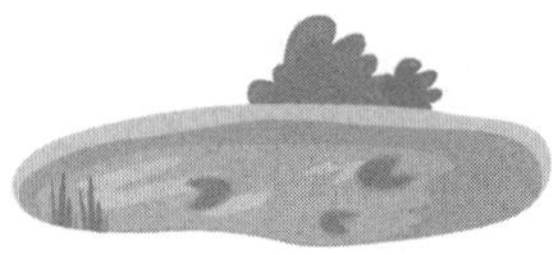		

2. (보기) 에서 알맞은 단어를 골라 문장을 완성하십시오.

보기

갔다 오다　　끝내다　　벌써　　아직　　나이　　너무

1) 바트 씨는 __________ 이/가 몇 살이에요?

2) 숙제를 _________ 안 했어요. 숙제를 빨리 _______________ 고 영화 볼까요?

3) 숙제를 놓고 와서 집에 다시 _____________________ 았어요/었어요.

4) 이 옷이 _____________ 비싸서 살 수 없어요.

5) _________ 1시예요. 시간이 빨리 가네요.

반말

1. (보기) 와 같이 대화를 완성하십시오.

보기

가 : 뭐 해요? 나 : 밥을 먹어요.	→	가 : 뭐 해 ? 나 : 밥을 먹어 .

1) 가 : 장핑 씨, 그 배우를 좋아해요? → 가 : ______, 그 배우를 ________?
나 : 네, 좋아해요. → 나 : ______, __________.

2) 가 : 여기에서 길음역까지 멀어요? → 가 : 여기에서 길음역까지 ________?
나 : 아니요, 10분쯤 걸려요. → 나 : ______, 10분쯤 __________.

3) 가 : 우리 내일 만나서 뭘 할까요? → 가 : 우리 내일 만나서 뭘 ________?
나 : 같이 영화를 볼까요? → 나 : 같이 영화를 ________?

4) 가 : 주말에도 학교에 가세요? → 가 : 주말에도 학교에 ________?
나 : 아니요,
주말에는 학교에 가지 않아요. → 나 : ______,
주말에는 학교에 ________.

5) 가 : 이 사람은 누구예요? → 가 : 이 사람은 누구야 ?
나 : 우리 반 친구 압둘라예요. → 나 : 우리 반 친구 압둘라야 .

6) 가 : 지금이 몇 시예요? → 가 : 지금이 ______________?
나 : 1시 15분이에요. → 나 : ________________.

7) 가 : 백화점에서 뭘 살 거예요? → 가 : 백화점에서 뭘 ____________?
나 : 어머니 선물을 살 거예요. → 나 : 어머니 선물을 ____________.

8) **가 :** 장핑 씨, 내일 몇 시에 올 거예요? → **가 :** ______, 내일 몇 시에 __________?

나 : 9시까지 갈게요. → **나 :** 9시까지 ______________________.

2. 한 사람은 선배이고 한 사람은 후배입니다. (보기) 와 같이 대화를 완성하십시오.

보기

가 : 선배는 매일 몇 시에 일어나요?

나 : 나는 아침 8시에 일어나.

1) **가 :** 선배는 보통 집에 가면 뭘 해요?

나 : ____.

2) **가 :** 대학교에서 공부하는 것이 어때요?

나 : ____.

3) **가 :** 오늘이 며칠이에요?

나 : ____.

4) **가 :** 좋아하는 배우가 누구예요?

나 : ____.

5) **가 :** 이번 주말에 뭐 할 거예요?

나 : ____.

6) **가 :** 오늘 아침을 드셨어요?

나 : ____.

종합 연습

10년 후에 우리 반 친구를 만났어요. 반말을 사용하여 대화를 완성하십시오.

장핑	투이? 와, 오랜만이야.
투이	그래. 정말 ____________________. 너는 무슨 일을 해?
장핑	____________________. 너는?
투이	____.
장핑	그래? 너, 결혼은 했어?
투이	____.
장핑	결혼한 지 얼마나 됐어?
투이	____.
장핑	아이는 몇 명이야? 몇 살이야?
투이	____.

3과 저도 남자 친구가 있었으면 좋겠어요

어휘

1. 보기 에서 알맞은 단어를 골라 문장을 완성하십시오.

보기

냄새　　소파　　화　　성격　　끓이다　　빌려주다

1) 교실에서 안 좋은 ________이/가 나서 창문을 열었어요.

2) 친구가 돈이 없어서 친구에게 돈을 ________았어요/었어요.

3) ________에 앉아서 쉬세요.

4) 라면을 ________아서/어서 먹었어요.

5) 제가 학교에 안 가니까 엄마가 ________을/를 냈어요.

6) 마키 씨는 ________이/가 좋아서 친구가 많아요.

2. 다음과 같이 반대말을 연결하십시오.

1) 아빠 ●	● 편리하다
2) 좋다 ●	● 같다
3) 가볍다 ●	● 엄마
4) 불편하다 ●	● 무겁다
5) 다르다 ●	● 싫다

-(으)ㄹ까요?[1]

1. 보기 와 같이 대화를 완성하십시오.

보기

가 : 미안해요. 지갑을 안 가져와서 돈이 없어요.

나 : 그럼 오늘 점심은 제가 살까요 ?

1) **가** : 내일 같이 영화를 볼까요? (예매하다)

   나 : 그래요. 그럼 제가 영화표를 ________________?

2) **가** : 아이가 영어를 배우고 싶어 해요. (가르치다)

   나 : 제가 영어를 잘해요. 제가 영어를 아이에게 ________________?

3) **가** : 내일 간토야 씨를 같이 만날까요? (전화하다)

   나 : 좋아요. 그럼 제가 간토야 씨에게 ________________?

4) **가** : 목이 아파요. 제가 이 문장까지만 읽을게요. (읽다)

   나 : 그럼 그다음은 제가 ________________?

5) **가** : 오늘 할 일이 너무 많아요. (돕다)

   나 : 제가 ________________?

6) **가** : 교실이 더워요. (열다)

   나 : 제가 창문을 ________________?

2. (보기) 와 같이 대화를 완성하십시오.

보기

가 : 오늘 제 생일 파티에 올 수 있어요?

나 : 그럼요. 몇 시까지 갈까요 ?

1) **가 :** 미안해요. 일이 아직 안 끝났어요.

나 : 그럼 제가 1층 커피숍에서 ________________?

2) **가 :** 아침을 못 먹고 와서 배가 고파요.

나 : 저에게 빵이 있어요. ________________?

3) **가 :** 커피에 설탕을 ________________?

나 : 네, 조금만 넣으세요.

4) **가 :** 오늘은 어떤 옷을 ________________?

나 : 봄이니까 밝은 색 옷을 입으세요.

5) **가 :** 왜 창문을 열었어요? 저는 감기에 걸려서 추워요.

나 : ________________________________?

6) **가 :** 떡볶이가 먹고 싶어요.

나 : 제가 떡볶이를 잘 만들어요. ________________?

–았으면/었으면 좋겠다

1. 맞는 것을 고르십시오.

1) 좋은 집에서 살았으면 좋겠어요. (살다)

2) 제주로도 여행을 ______________ 좋겠어요. (가다)

3) 고향 음식을 매일 ______________ 좋겠어요. (먹다)

4) 가족들이 모두 ______________ 좋겠어요. (건강하다)

5) 집이 ______________ 좋겠어요. (가깝다)

6) 책을 ______________ 좋겠어요. (읽다)

7) 음악을 ______________ 좋겠어요. (듣다)

8) 키가 ______________ 좋겠어요. (크다)

9) 방이 ______________ 좋겠어요. (넓다)

10) 노래를 잘 ______________ 좋겠어요. (부르다)

2. 보기 에서 알맞은 단어를 골라 문장을 완성하십시오.

보기

돈이 많다 　 의자에 앉다 　 키가 크다 　 시험을 잘 보다

이사를 하다 　 잠을 많이 자다 　 아이스크림을 먹다

1) 날씨가 더워요. 아이스크림을 먹었으면 좋겠어요.

2) 저는 키가 작아요. ______________________________.

3) 저는 이번 시험 점수가 나빠요. 다음에는 ______________________________.

4) 학교에서 집까지 너무 멀어서 힘들어요.

학교 근처로 ______________________________.

5) 계속 걸어서 다리가 아파요. ______________________________.

6) 일이 많아서 잠을 잘 수가 없어요. ______________________________.

7) 사고 싶은 것이 많아요. ______________________________.

3. (보기) 와 같이 대화를 완성하십시오.

보기

가 : 어떤 사람하고 결혼하고 싶어요?

나 : 저는 키가 큰 남자와 결혼했으면 좋겠어요.

1) 가 : 한국어 공부가 끝나면 무엇을 하고 싶어요?

나 : ______________________________.

2) 가 : 어디로 여행을 가고 싶어요?

나 : ______________________________.

3) 가 : 생일에 어떤 선물을 받고 싶어요?

나 : ______________________________.

4) 가 : 100만 원이 있으면 무엇을 하고 싶어요?

나 : ______________________________.

5) 가 : 새해에 무슨 일을 하고 싶어요?

나 : ______________________________.

종합 연습

'–(으)ㄹ까요?'와 '–았으면/었으면 좋겠다'를 사용하여 대화를 완성하십시오.

마키　바트 씨, 어서 오세요.

바트　안녕하세요? 오늘 날씨가 좀 덥네요.

마키　그래요? 에어컨을 ______________________?

바트　네. 그리고 마실 것 좀 주세요.

마키　주스하고 콜라가 있어요. 뭘 ______________?

바트　콜라 주세요.

마키　잠깐만요.

(잠시 후)

마키　바트 씨, 언제 대학교를 졸업해요?

바트　내년에 졸업해요.

마키　바트 씨는 졸업하고 무엇을 하고 싶어요?

바트　__________________________. 마키 씨는요?

마키　__________________________.

4과 누구든지 배울 수 있어요

어휘

1. 보기 에서 알맞은 단어를 골라 문장을 완성하십시오.

보기

버리다 환영하다 닦다 어울리다

1) 어서 오세요. 우리 학교에 오신 것을 ________________(스)ㅂ니다.

2) 이 옷에는 이 바지가 잘 ________________아요/어요.

3) 휴지는 휴지통에 ________________(으)세요.

4) 밥을 먹고 꼭 이를 ________________(으)세요.

보기

천천히 휴게소 어른 소리

5) 운전하기 힘드니까 잠깐 ________________에서 쉬고 갈까요?

6) 밥을 빨리 먹지 말고 ________________ 드세요.

7) 음악 ________________이/가 너무 시끄러워요.

8) 이 영화는 ________________만 볼 수 있어요. 아이들은 볼 수 없어요.

-는 동안

1. (보기) 와 같이 대화를 완성하십시오.

보기

7:00~8:00 운동
8:00~8:30 아침 식사

가 : 운동을 얼마나 할 거예요?

나 : 1시간 동안 운동을 할 거예요.

2014년 2월 1일 ~ 8월 31일	국민대학교 한국어교육센터
2014년 9월 1일~ 2018년 8월 31일	국민대학교 영어영문학과

1) **가 :** 한국어교육센터를 얼마나 다녔어요?

나 : ______________ 다녔습니다.

2) **가 :** 선생님이 ______________는 동안 잘 들으세요.

나 : 네, 알겠습니다.

3) **가 :** 엄마하고 아빠는 무엇을 하세요?

나 : 엄마는 저녁 준비를 하세요.

______________는 동안 아빠는 옆에서 신문을 읽고 계세요.

4) **가 :** 엄마, TV를 봐도 돼요?

나 : 안 돼. 형이 ______________는 동안 조용히 해야 해.

5) **가 :** 여러분, ______________는 동안 휴대 전화를 끄세요.

나 : 그럼 시간을 어떻게 알아요?

가 : 선생님이 말해 줄게요.

6) **가 :** 이번 방학에 여행을 할 거예요?

나 : 네. 저는 방학에 ________________는 동안 맛있는 한국 음식을 많이 먹을 거예요.

2. 다음은 어떤 가족의 하루입니다. '-는 동안'을 사용하여 다음 글을 완성하십시오.

	오전 6시 30분	7시	8시	8시 30분	오후 7시	8시
아이	자다		식사	할머니 집	집, 책을 읽다	TV로 만화를 보다
나(아내)	샤워	식사 준비	식사	회사	집, 책을 읽다	TV로 만화를 보다
남편	자다	샤워	식사	회사	집, 저녁 준비	핸드폰으로 야구를 보다

우리 부부는 결혼한 지 1년이 됐습니다. 아이도 있습니다. 남편과 저는 회사에 다니고 있습니다. 저는 6시 반에 일어납니다.

저는 남편과 아이가 1) 자는 동안 샤워를 해요. 그리고 7시쯤 아침 식사를 준비합니다. 남편은 7시에 일어납니다. 제가 2)________________________ 남편은 샤워를 합니다. 그리고 아침 준비가 끝나면 우리는 같이 식사를 해요. 아침에는 바빠서 우리는 3) ________________ 거의 말을 하지 않습니다.

8시 30분에 남편과 저는 회사에 갑니다. 제가 4) ________________________ 아이는 할머니 집에서 할머니와 함께 있습니다.

남편과 저는 저녁 7시에 집에 옵니다. 저는 집에 오면 아이와 함께 책을 읽습니다. 제가 아이와 함께 5) ________________________ 남편은 저녁을 준비합니다. 저녁을 먹고 저는 아이와 함께 TV로 만화를 봅니다.

우리가 TV로 6) ________________________ 남편은 핸드폰으로 야구를 봅니다. 남편은 만화를 좋아하지 않습니다.

(이)든지

1. (보기) 에서 알맞은 단어를 골라 문장을 완성하십시오.

보기

어디　언제　뭐　얼마　누구

1) 꿈속에서는 가고 싶은 곳에 어디든지 갈 수 있어요.

2) 그 사람은 똑똑해서 ______________ 빨리 이해해요.

3) 제가 보고 싶으면 오후에 ______________ 오세요.

4) 음식이 많아요. 더 드시고 싶으면 ______________ 드세요.

5) 이 요리는 쉬워서 ______________ 할 수 있어요.

2. (보기) 에서 알맞은 것을 골라 대화를 완성하십시오.

보기

어떤 음식　어떤 곳　어떤 물건　어떤 사람　얼마

1) **가 :** 알렉세이 씨는 무슨 음식을 좋아해요?

나 : 한국 음식은 어떤 음식이든지 잘 먹어요.

2) **가 :** 왕쯔이 씨는 방학에 어디에 가고 싶어요?

나 : 바다가 있으면 ______________ 좋아요.

3) **가 :** 이 박물관은 무엇으로 유명해요?

나 : 한국 전통 물건은 ______________ 이 박물관에서 볼 수 있어요.

4) **가 :** 일을 처음 하는 사람도 이 아르바이트를 할 수 있어요?

나 : 그럼요, 일이 쉬워서 ____________________ 할 수 있어요.

5) **가 :** 미안하지만 조금만 기다려주세요.

나 : 괜찮아요. 시간이 많으니까 ________________ 기다릴게요.

종합 연습

'–는 동안'과 '(이)든지'를 사용하여 대화를 완성하십시오.

마키 제프리 씨, 시간 있어요?

제프리 아니요. 지금 수업이 있어요.

마키 그래요? 그럼 제프리 씨가 ___________________ 기다릴게요.

제프리 수업이 늦게 끝나요. 그러니까 내일 만나요.

마키 그럼 내일 언제 만날까요?

제프리 내일 수업이 없으니까 ___________________ 괜찮아요.

마키 그럼, 12시에 만나서 같이 점심을 먹어요.

제프리 네, 좋아요. 어떤 음식을 먹을까요?

마키 저는 ___________________ 다 잘 먹어요.

제프리 좋아요. 그럼 한식을 먹어요. 점심을 먹고 뭘 할까요?

마키 저는 쇼핑을 하고 싶어요.

제프리 저는 쇼핑은 싫은데요. 마키 씨가 ___________________ 저는 서점에서 책을 읽고 있을게요.

마키 아니에요, 쇼핑은 다음에 할게요.

5과 소포를 보내려고 해요

어휘

1. 보기 에서 알맞은 단어를 골라 문장을 완성하십시오.

보기

밀리다　　마치다　　예매하다　　갈아입다　　깨지다

1) 숙제를 ________고 친구들하고 노래방에 가려고 해요.

2) 가방을 떨어뜨려서 가방 안에 있는 거울이 ________았어요/었어요.

3) 저는 집에 가면 바로 잠옷으로 ________아요/어요.

4) **가 :** 우리 주말에 영화 볼까요?

   나 : 네, 좋아요. 그 영화는 인기가 많으니까 미리 ________아야/어야 해요.

5) **가 :** 주말에 뭐 했어요?

   나 : ________(으)ㄴ 빨래를 했어요. 그래서 좀 피곤해요.

2. 다음은 현금 지급기 사용 방법입니다. 그림을 보고 보기 에서 알맞은 단어를 골라 문장을 완성하십시오.

보기

비밀번호　　금액　　누르다　　꺼내다

1)

2)

3)

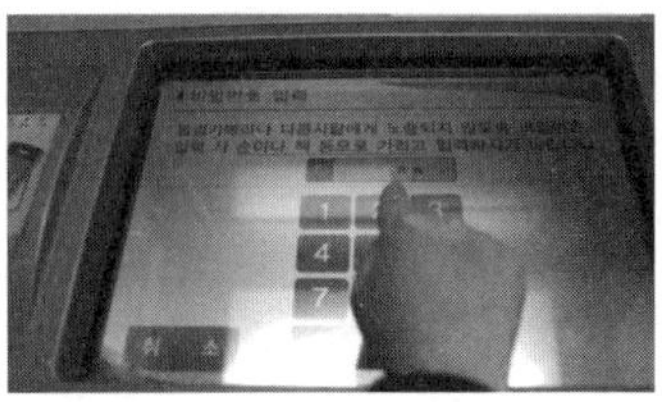

4) 

5) 

6) 

1) 먼저 원하는 버튼을 ____________________.

2) 카드를 넣습니다.

3) _________ 을/를 누릅니다.

4) 원하는 _________ 을/를 선택합니다.

5) 카드를 _________ (으)면 돈이 나옵니다.

6) 돈을 꺼내서 확인합니다.

–(으)려고 하다

1. 그림을 보고 (보기) 와 같이 문장을 완성하십시오.

보기

가 : 어떻게 오셨어요?

나 : 소포를 보내려고 해요.

1) 가 : 머리를 어떻게 하시겠어요?

나 : ________________________________.

2) 가 : 어떻게 오셨어요?

나 : ________________________________.

3) **가 :** 무엇을 도와드릴까요?

나 : ______________________.

4) **가 :** 오늘 시장에 왜 가세요?

나 : ______________________.

2. (보기) 와 같이 대화를 완성하십시오.

보기

가 : 수업 후에 뭐 할 거예요?

나 : 은행에 가려고 해요.

1) **가 :** 방학 때 뭐 할 거예요?

나 : ______________________.

2) **가 :** 시험이 끝나면 뭐 하고 싶어요?

나 : ______________________.

3) **가 :** 고향에 가면 뭐 할 거예요?

나 : ______________________.

4) **가 :** 올해 생일에 뭐 할 거예요?

나 : ______________________.

5) **가 :** 오늘 저녁에 무슨 음식을 만들 거예요?

나 : ______________________.

6) **가 :** 언제 고향에 돌아갈 거예요?

나 : ______________________________.

7) **가 :** 한국어 공부가 끝나면 뭐 할 거예요?

나 : ______________________________.

–(으)ㄴ 다음에

1. (보기) 와 같이 문장을 완성하십시오.

보기

아침에 세수를 해요 → 식사를 해요

아침에 세수를 한 다음에 식사를 해요.

1) 매일 저녁을 먹어요 → 산책을 해요

______________________________.

2) 주말에 집안일을 해요 → 텔레비전을 봐요

______________________________.

3) 영화를 봤어요 → 저녁을 먹었어요

______________________________.

4) 수업이 끝났다 → 커피를 마셨어요

______________________________.

5) 6급까지 한국어를 배울 거예요 → 대학교에서 공부할 거예요

______________________________.

2. (보기) 와 같이 대화를 완성하십시오.

보기

가 : 수업이 끝나요. 그 후에 뭐 할 거예요?

나 : 수업이 끝난 다음에 집에 갈 거예요.

1) 가 : 숙제를 해요. 그 후에 뭐 할 거예요?

나 : ______________________________.

2) 가 : 점심을 먹어요. 그 후에 뭐 할 거예요?

나 : ______________________________.

3) 가 : 고향에 돌아가요. 그 후에 뭐 하고 싶어요?

나 : ______________________________.

4) 가 : 청소했어요. 그 후에 뭐 했어요?

나 : ______________________________.

5) 가 : 영화를 봤어요. 그 후에 뭐 했어요?

나 : ______________________________.

종합 연습

여러분은 미래에 어떤 계획이 있습니까? 다음 표에 계획을 쓰고, '-(으)ㄴ 다음에'와 '-(으)려고 하다'를 사용해서 글을 써 보십시오.

한국어 공부 → 대학교 입학 → ______ → ______ → ______ → ______

저는 6급까지 공부하겠습니다. 한국어 공부가 끝난 다음에 대학에 입학하려고 합니다.

대학교에 입학한 다음에

6과 학교에 올 때 사진을 가지고 오세요

어휘

1. (보기) 에서 알맞은 단어를 골라 문장을 완성하십시오.

보기

잃어버리다　　신청서　　외국인 등록증　　새로　　재료

1) ________은/는 외국 사람이 한국에서 살 때 꼭 필요한 신분증이에요.

2) 휴대 전화를 ________아서/어서 새 휴대 전화를 샀어요.

3) ________ 산 시계를 잃어버려서 속상해요.

4) **가:** 통장을 만들려고 하세요? 그럼 이 ________에 이름을 써 주세요.

   나: 네. 알겠습니다.

5) **가:** 삼계탕을 만들고 싶어요. 무슨 ________이/가 필요해요?

   나: 닭이랑 여러 가지 야채가 필요해요.

못

1. 그림을 보고 (보기)와 같이 문장을 완성하십시오.

이름	장핑	카오루	제프리	마키	바트	지은
○						
×						

보기

장핑 씨는 테니스를 칠 수 있어요. 하지만 피아노는 못 쳐요.

1) 카오루 씨는 탁구를 ____________. 하지만 ____________.

2) 제프리 씨는 ____________. 하지만 ____________.

3) 마키 씨는 ____________. 하지만 ____________.

4) 바트 씨는 ____________. 하지만 ____________.

5) 지은 씨는 ____________. 하지만 ____________.

2. (보기) 와 같이 대화를 완성하십시오.

보기

가 : 이 음식을 먹을 수 있어요?

나 : 아니요, 너무 매워서 못 먹어요.

1) **가 :** 스키를 탈 수 있어요?

나 : 아니요, ______________________. 하지만 배워 보고 싶어요.

2) **가 :** 오늘 왜 화장 안 했어요?

나 : 아침에 시간이 없어서 ______________________.

3) **가 :** 방학 때 고향에 갔다 와요?

나 : 아니요, 아르바이트가 있어서 ______________________.

4) **가 :** ________ 씨는 거짓말을 잘해요?

나 : 아니요, 저는 ______________________.

5) **가 :** 아침을 먹었어요?

나 : 아니요, ______________ 아서/어서 ______________.

6) **가 :** 숙제를 다 했어요?

나 : 아니요, ______________ 아서/어서 ______________.

-(으)ㄹ 때

1. (보기) 와 같이 문장을 완성하십시오.

보기

고향에 가고 싶을 때 부모님께 전화를 해요.

1) ______________ 약을 먹어요.

2) ____________ 지하철을 타요.

3) ____________ 요리를 해요.

4) ____________ 쇼핑을 해요.

5) ____________ 노래방에 가요.

6) ____________ 영화를 봐요.

2. (보기) 와 같이 대화를 완성하십시오.

보기

가 : 언제 커피숍에 가요?

나 : 친구를 만날 때 커피숍에 가요.

1) **가 :** 언제 기분이 좋아요?

나 : ____________________.

2) **가 :** 언제 고향에 가고 싶어요?

나 : ____________________.

3) **가 :** 언제 정장을 입어요?

나 : ______________________________.

4) **가 :** 언제 화가 나요?

나 : ______________________________.

5) **가 :** 언제 부모님께 전화를 드려요?

나 : ______________________________.

종합 연습

보기 에 있는 단어를 골라 '-(으)ㄹ 때'와 '못'을 사용해서 다음 글을 완성하십시오.

보기

산책을 하다　　먹다　　보다　　웃다　　나쁘다

저는 기분이 나쁠 때 산책을 합니다.
__________ 음악을 들으면 기분이 좋아집니다.
그리고 집에 와서 맛있는 음식을 만듭니다. 보통 고향 음식을 만듭니다.
고향 음식은 잘 먹지만 매운 음식은 __________.
음식을 먹은 후에 텔레비전을 봅니다.
주로 코미디 프로그램을 봅니다. 하지만 코미디 프로그램을 __________ 한국 말을 잘 몰라서 가끔 __________.

7과 출발하기 전에 전화할게요

어휘

1. 보기 에서 알맞은 단어를 골라 문장을 완성하십시오.

보기

선풍기　　긴장되다　　준비 운동　　조심하다　　갑자기

1) 친구가 연락도 안 하고 ____________ 기숙사에 와서 깜짝 놀랐어요.

2) 저는 주사를 맞기 전에 항상 ____________아요/어요.

3) 올해 여름에는 날씨가 많이 더우니까 미리 ____________을/를 준비하세요.

4) 출근할 때 눈이 오니까 ____________아서/어서 운전하세요.

5) 수영을 하기 전에 꼭 ____________을/를 해야 해요.

2. 다음 단어를 반대말끼리 연결하십시오.

1) 타다 ●	● 나가다
2) 벗다 ●	● 내리다
3) 출발하다 ●	● 입다
4) 들어가다 ●	● 도착하다

–지 말고

1. 관계있는 것을 연결하고 문장을 완성하십시오.

1) 연필로 쓰다 ●	● 수업 후에 숙제를 하다
2) 수업 중에 숙제를 하다 ●	● 병원에 가 보다
3) 책에 쓰다 ●	● 공책에 쓰다
4) 약만 먹다 ●	● 볼펜으로 쓰다
5) 차가운 물을 마시다 ●	● 따뜻한 물을 마시다

1) 연필로 쓰지 말고 볼펜으로 쓰세요.

2) ____________________.

3) ____________________.

4) ____________________.

5) ____________________.

2. 보기 와 같이 대화를 완성하십시오.

보기

"밤에 잠이 안 와요."

카페인이 많다	커피를 마시다	따뜻한 우유를 마시다

카페인이 많으니까 커피를 마시지 말고 따뜻한 우유를 드세요.

1)  "수업에 늦었어요."

길이 복잡하다	택시를 타다	

____

2)  "요즘 너무 피곤해요."

일을 많이 했다		오늘은 쉬다

____

3)  "오늘 뭐 할까요?"

오늘은 날씨가 춥다		집에서 놀다

____

4)  "이번 주말에 뭐 할까요?"

날씨가 좋다		

____

5)  "__________ 씨 생일에 책을 선물할까요?"

____

6)  "지금 선생님께 전화할까요?"

지금은 늦은 시간이다	지금 전화하다	

____

–기 전에

1. 그림을 보고 문장을 완성하십시오.

저는 오늘 일찍 학교에 갔어요. 교실 앞에서 이리나 씨를 만났어요. 그래서 1) ____________________기 전에 이리나 씨와 이야기했어요. 수업이 끝나고 2) ______________기 전에 친구와 점심을 먹었어요. 집에 돌아가서 저녁에 먹을 요리를 했어요. 3)______________기 전에 ____________________________.

2. (보기) 와 같이 대화를 완성하십시오.

> **보기**
>
> **가 :** 언제 숙제를 해요?
>
> **나 :** 저는 저녁을 먹기 전에 숙제를 해요.

1) **가 :** 언제 태권도를 배웠어요? (한국에 오다)

나 : ____.

2) **가 :** 지난 주말에 간 식당은 꼭 예약해야 해요? (식당에 가다)

나 : ____.

3) **가 :** 휴대 전화를 꺼야 해요? (영화를 시작하다)

나 : ____.

4) **가 :** 한국에 오기 전에 뭐 했어요?

나 : ____.

5) **가 :** 날마다 학교에 오기 전에 무엇을 하세요?

나 : ____.

6) **가 :** 고향에 돌아가기 전에 무엇을 해 보고 싶어요?

나 : ____.

3. 여러분의 하루 일과를 표로 완성하고, '–기 전에'를 사용해서 글을 써 보십시오.

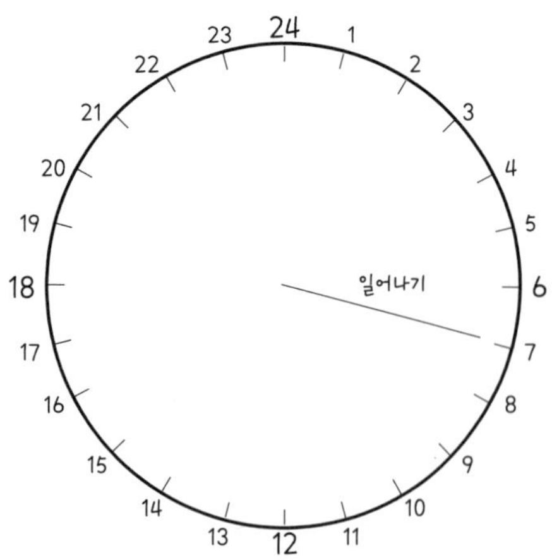

저는 보통 아침 7시에 일어나요.

8과 기숙사에서 요리하면 안 돼요

어휘

1. (보기) 에서 알맞은 단어를 골라 문장을 완성하십시오.

> **보기**
>
> 모국어 뛰다 기대다 밀다 반바지

1) 수업 시간에는 ________을/를 사용하지 마세요.

2) 지하철 문에 ________(으)면 위험해요.

3) 수영장은 미끄러우니까 ________(으)면 안 돼요.

4) 오페라 공연장에 ________을/를 입고 들어갈 수 없어요.

5) **가 :** 이 창문은 어떻게 열어요?

   나 : 앞쪽으로 ________아야/어야 해요.

2. 다음 장소는 어디입니까? 그림을 보고 단어를 쓰십시오.

1) 휴게실 2) ________ 3) ________ 4) ________

-아도/어도 되다

1. (보기) 와 같이 문장을 완성하십시오.

> 보기
>
> 지금 화장실에 가다 → 지금 화장실에 가도 돼요 ?

1) 이 주스를 마시다 → ______________________?

2) 여기에서 기다리다 → ______________________?

3) 지금 약을 먹다 → ______________________?

4) 사무실에 다녀오다 → ______________________?

5) 휴대 전화를 좀 쓰다 → ______________________?

6) 여기에서 음악을 듣다 → ______________________?

2. (보기) 와 같이 대화를 완성하십시오.

> 보기
>
> **가 :** 그 사전을 좀 써도 돼요 ?
>
> **나 :** 네, 쓰세요.

1) **가 :** 수업 시간에 김밥을 ______________?

   나 : 아니요, 먹으면 안 돼요.

2) **가 :** 내일 ______________?

   나 : 네, 내일 가지고 와도 돼요.

3) **가 :** 이 옷을 ______________?

   나 : 그럼요. 저쪽에서 입어 보세요.

4) **가 :** 서류를 꼭 이메일로 보내야 합니까?

나 : 아니요, 팩스로 ____________________.

5) **가 :** 제가 계속 기다려야 해요?

나 : 아니요, 지금 집에 ____________________.

–(으)면 안 되다

1. 그림을 보고 (보기) 와 같이 문장을 완성하십시오.

(보기)

담배를 피우면 안 돼요.

1) ______________________________.

2) ______________________________.

3) ______________________________.

4) ______________________________.

2. 여기에서 뭘 하면 안 돼요? (보기) 와 같이 쓰십시오.

공원

(보기) 쓰레기를 버리면 안 돼요.

____

____

____

공연장

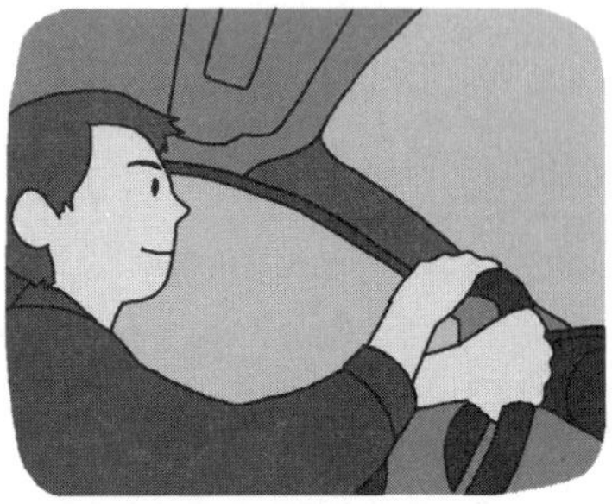

운전할 때

비행기를 탔을 때

종합 연습

여러분의 나라에서 '해도 되는 것'과 '하면 안 되는 것'을 표에 쓰고, '–(으)면 안 되다'와 '–아도/어도 되다'를 사용해서 글을 써 보십시오.

해도 되는 것	하면 안 되는 것
빨간색으로 이름을 써도 돼요.	친구에게 시계를 선물하면 안 돼요.

우리나라에서는

9과 좋은 집을 찾기가 어렵네요

어휘

1. (보기) 와 같이 관계있는 것을 연결하십시오.

보기

가위 ○————————○ 

1) 게시판 ○ ○ ㉠ 

2) 부동산 ○ ○ ㉡ 

3) 아파트 ○ ○ ㉢ 

4) 테니스장 ○ ○ ㉣ 

5) 공장 ○ ○ ㉤ 

6) 굽 ○ ○ ㉥ 

2. 보기 에서 알맞은 단어를 골라 문장을 완성하십시오.

보기

광고　땀　뜻　월세　전화비　부족하다　풀다　조용하다

1) 더워서 __________ 이/가 나요.

2) 텔레비전 __________ 을/를 보고 화장품을 샀어요.

3) 교실에 학생들이 없어요. 그래서 교실이 __________ 아요/어요.

4) 선생님, 문제를 다 __________ 았어요/었어요.

5) 돈이 __________ 아서/어서 그 옷을 사지 못했어요.

6) 고향에 자주 전화를 해서 __________ 이/가 많이 나왔어요.

7) 이 단어 __________ 이/가 뭐예요?

8) 제가 사는 원룸 __________ 이/가 한 달에 40만 원이에요.

–기 때문에

1. 관계있는 것을 연결하고 문장을 완성하십시오.

1) 감기에 걸렸다 ●	● 시간이 많다
2) 오늘 수업이 없다 ●	● 사람들이 많이 사다
3) 이 책이 재미있다 ●	● 학교에 못 가다
4) 밥을 안 먹었다 ●	● 배가 고프다
5) 매운 음식을 싫어하다 ●	● 연락을 못 했다
6) 요즘 계속 바빴다 ●	● 김치를 안 먹다

1) 감기에 걸렸기 때문에 학교에 못 갑니다.

2) ____.

3) ____.

4) ____.

5) ____.

6) ____.

2. (보기) 와 같이 대화를 완성하십시오.

> **보기**
>
> **가 :** 왜 전공을 바꾸려고 합니까?
>
> **나 :** 저랑 맞지 않기 때문에 바꾸려고 합니다.

1) **가 :** 왜 이사하려고 합니까?

나 : 지금 살고 있는 집이 ______________________________.

2) **가 :** 왜 영화배우 K를 좋아합니까?

나 : ______________________________.

3) **가 :** 왜 그 대학교에 가려고 합니까?

나 : ______________________________.

4) **가 :** 왜 버스를 타지 않고 지하철을 탑니까?

나 : ______________________________.

5) **가 :** 왜 약만 먹고 병원에 안 갑니까?

나 : ______________________________.

–기가 쉽다/어렵다/힘들다…

1. (보기) 에서 골라 문장을 완성하십시오.

> **보기**
>
> 어렵다 쉽다 불편하다 좋다 싫다 힘들다

1) 이 문제는 풀기가 어려워요. (풀다)

2) 일본어와 한국어는 많이 비슷해요.

   그래서 일본 사람은 한국어를 ________________. (배우다)

3) 너무 피곤해요. 그래서 ________________. (씻다)

4) 오늘 날씨가 맑아서 ________________. (빨래를 하다)

5) 이 집은 좁아요. 그래서 여러 명이 ________________. (살다)

6) 회사일은 너무 많고 직원이 적어요. 그래서 ________________. (일하다)

2. (보기) 와 같이 대화를 완성하십시오.

> **보기**
>
> **가 :** 왜 요즘 지각을 자주 해요?
>
> **나 :** 이사한 집이 멀어요. 그래서 학교에 다니기가 힘들어요.

1) **가 :** 새 선생님이 어때요?

   나 : 선생님 말이 너무 빨라요. 그래서 선생님 말을 ________________.

2) **가 :** 일이 다 끝났어요?

   나 : 아니요. 일이 너무 많아서 혼자 ________________.

3) **가 :** 어떻게 민수 씨 컴퓨터 비밀번호를 알았어요?

나 : 비밀번호가 민수 씨 생일하고 같아요.

그래서 비밀번호를 ______________________________.

4) **가 :** 이 휴대 전화는 글씨가 커요.

그래서 할머니들이나 할아버지들이 ______________________________.

나 : 그래요? 우리 할머니께 사 드리고 싶네요.

5) **가 :** 불고기는 맵지 않아요.

그래서 아이들이나 외국인들이 ______________________________.

나 : 그럼 외국 친구들에게 불고기를 만들어 주겠어요.

종합 연습

'–기 때문에'와 '–기가 쉽다/어렵다/힘들다……' 를 사용하여 대화를 완성하십시오.

이리나	왕쯔이 씨, 이번 주말에 시간 있어요?
왕쯔이	미안해요. ______________________ 주말에 바빠요.
이리나	그래요? 어떤 아르바이트를 해요?
왕쯔이	커피숍에서 아르바이트를 해요.
이리나	어떻게 아르바이트를 구했어요?
왕쯔이	친구가 소개해 줬어요.
이리나	그래요? 일하기가 어때요?
왕쯔이	일이 많지 않아서 ______________________________.

10과 청소는 다 했는데 요리는 아직 못 했어요

어휘

1. (보기) 에서 알맞은 단어를 골라 문장을 완성하십시오.

보기

정리하다　　잊다　　닮다　　출장　　일기 예보　　힘

1) 책상을 닦기 전에 먼저 책상 위에 있는 것들을 ________________(으)세요.

2) 아버지가 회사에 일이 있어서 미국으로 ________________을/를 가셨어요.

3) 오늘 ________________을/를 봤어? 오늘 날씨가 어때?

4) 내일 약속을 ________________지 마세요,

5) 오늘 아침을 못 먹어서 ________________이/가 없어요.

6) 아버지와 아들이 많이 ________________았어요/었어요.

2. 다음 단어를 반대말끼리 연결하십시오.

1) 못생기다 ●		● 서다
2) 세다 ●		● 잘생기다
3) 어둡다 ●		● 약하다
4) 앉다 ●		● 밝다

-는데/(으)ㄴ데[1]

1. 보기 와 같이 문장을 완성하십시오.

> 보기
> 저는 매운 음식을 잘 먹는데 제 동생은 못 먹어요. (먹다)

1) 저는 김 선생님을 ________ 민수 씨는 김 선생님을 몰라요. (알다)
2) 저는 노래방에 자주 ________ 제 친구는 자주 안 가요. (가다)
3) 영어 점수는 ________ 일본어 점수는 안 좋아요. (좋다)
4) 언니는 키가 ________ 동생은 키가 커요. (작다)
5) 민수 씨 집은 학교에서 ________ 철수 씨 집은 학교에서 가까워요. (멀다)
6) 옛날에는 기숙사에 ________ 지금은 학교 근처 원룸에 살아요. (살다)
7) 한국에 처음 왔을 때는 김치를 안 ________ 지금은 잘 먹어요. (먹다)
8) 어릴 때는 ________ 지금은 보통이에요. (예쁘다)
9) 옛날에는 그 노래를 자주 ________ 지금은 자주 안 불러요. (부르다)

2. 보기 와 같이 대화를 완성하십시오.

> 보기
> **가 :** 두 분 다 매운 음식을 좋아하세요?
> **나 :** 저는 매운 음식을 좋아하는데 친구는 매운 음식을 싫어해요.

1) **가 :** 언니가 예쁘니까 동생도 예쁘겠네요.
   나 : 아니요, 언니는 ________________ 동생은 예쁘지 않아요.

2) **가 :** 방 두 개가 다 작아요?

나 : 아니요, 이 방은 ______________ 저 방은 커요.

3) **가 :** 흰색 바지도 있어요?

나 : 아니요, 검정색은 ______________ 흰색은 없어요.

4) **가 :** 두 분은 삼겹살을 잘 드세요?

나 : 아니요, 저는 삼겹살을 잘 ______________ 압둘라 씨는 안 먹어요.

5) **가 :** 아르바이트를 시작한 후에 많이 바빠졌죠?

나 : 네, 아르바이트 하기 전에는 시간이 ______________ 아르바이트를 시작한 후에는 시간이 없어요.

6) **가 :** 오늘은 날씨가 따뜻해요?

나 : 네, 어제는 날씨가 ______________ 오늘은 조금 따뜻해요.

3. (보기) 와 같이 대화를 완성하십시오.

보기

가 : 원룸과 고시원은 뭐가 달라요?

나 : 원룸은 방 안에 부엌과 화장실이 있는데 고시원은 없어요.

1) **가 :** 고향 날씨와 한국 날씨는 뭐가 달라요?

나 : ______________________________________.

2) **가 :** 학교 식당과 학교 밖에 있는 식당은 뭐가 달라요?

나 : ______________________________________.

3) **가 :** 친구와 ________ 씨는 뭐가 달라요?

나 : 저는 ____.

4) **가 :** 물냉면과 비빔냉면은 뭐가 달라요?

나 : ____.

5) **가 :** 옛날과 지금은 뭐가 달라요?

나 : ____.

6) **가 :** 한국에 오기 전과 온 후는 뭐가 달라요?

나 : ____.

-(으)ㄹ 거예요

1. (보기) 와 같이 문장을 완성하십시오.

보기

오늘 일요일이니까 왕쯔이 씨는 아마 집에서 쉴 거예요. (쉬다)

1) 압둘라 씨는 책을 좋아하니까 지금 아마 도서관에서 책을 ____________. (읽다)

2) 이리나 씨는 아마 학교 기숙사에 ____________. (살다)

3) 지금 12시니까 마키 씨는 아마 교실에서 수업을 ____________. (듣다)

4) 동생이 예쁘니까 언니도 ____________. (예쁘다)

5) 이 가게는 예쁜 옷이 많으니까 손님이 ____________. (많다)

6) 내일은 날씨가 ____________. (덥다)

7) 장핑 씨가 요리를 배우니까 장핑 씨가 만든 음식이 아마 ____________. (맛있다)

2. (보기) 와 같이 대화를 완성하십시오.

보기

가 : 국민식당하고 서울식당 중에서 어느 식당 음식이 더 맛있어요?

나 : 국민식당에 사람이 더 많아요. 그러니까 국민식당 음식이 더 맛있을 거예요.

1) **가 :** 다녀오겠습니다.

나 : 잠깐만, 우산을 가지고 가. 아마 오늘 오후에 ________________.

2) **가 :** 카오루 씨는 뭘 해요?

나 : 내일부터 시험이니까 아마 도서관에서 ________________.

3) **가 :** 왕쯔이 씨는 김치찌개를 잘 먹어요?

나 : 글쎄요, 한국에서 3년 살았으니까 아마 ________________.

4) **가 :** 제프리 씨는 책을 읽는 걸 좋아해요?

나 : 혼자 있는 걸 좋아하니까 ________________.

5) **가 :** 바트 씨는 혼자 살아요?

나 : 글쎄요, 바트 씨가 고향 형 얘기를 자주 해요.

아마 고향 형이랑 ________________.

6) **가 :** 마키 씨 언니는 키가 커요?

나 : 글쎄요, 마키 씨가 키가 작으니까 언니도 아마 키가 ________________.

7) **가 :** 내일도 날씨가 더워요?

나 : 오늘 더웠으니까 내일도 ________________.

종합 연습

'-는데/(으)ㄴ데'와 '-(으)ㄹ 거예요'를 사용하여 대화를 완성하십시오.

제프리	마키 씨, 무슨 생각을 해요?
마키	고향 생각을 하고 있어요. 한국 생활이 힘들어서 고향 생각이 나요.
제프리	아, 맞아요. 저도 처음에 그랬어요. 그런데 지금은 괜찮아졌어요.
	마키 씨도 ________________________.
	그런데, 뭐가 제일 힘들어요?
마키	한국과 우리 고향 음식이 많이 달라서 힘들어요.
	우리나라 음식은 ________________ 한국 음식은 매워요.
제프리	그러면 집에서 고향 음식을 만들어서 드세요.
마키	저는 음식을 잘 못해요.
제프리	저도 처음에는 ________________ 지금은 요리 실력이 좋아졌어요.
	마키 씨도 계속 요리를 하면 요리 실력이 ________________.

11과 영어를 할 줄 알아요?

어휘

1. 보기 에서 알맞은 단어를 골라 문장을 완성하십시오.

보기

잠시　　전공　　관심　　번역하다　　고치다　　슬프다

1) 친구가 고향에 가서 ＿＿＿＿＿＿아요/어요.

2) 컴퓨터가 고장이 났어요. ＿＿＿＿＿＿(으)ㄹ 수 있어요?

3) '배가 고파요'를 중국말로 ＿＿＿＿＿＿(으)면 뭐예요?

4) 수업 중이니까 ＿＿＿＿＿＿ 기다리세요.

5) 제 ＿＿＿＿＿＿이/가 영어니까 미국에 꼭 가고 싶어요.

6) 저는 축구에 ＿＿＿＿＿＿이/가 없으니까 그 얘기는 더 하지 마세요.

–(으)면서

1. 보기 와 같이 문장을 완성하십시오.

보기

장핑 씨가 춤을 추면서 노래를 해요.
(춤을 추다)

1) 

제임스 씨가 __________________ 운전을 해요.

(노래를 부르다)

2) 

바트 씨가 __________________ 전화를 하고 있어요.

(TV를 보다)

3) 

압둘라 씨가 __________________ 친구와 얘기해요.

(커피를 마시다)

4) 

윤아 씨가 __________________ 운동을 해요.

(음악을 듣다)

5) 

지훈 씨가 __________________ 영화를 봐요.

(콜라와 팝콘을 먹다)

2. (보기) 와 같이 대화를 완성하십시오.

보기

가 : 윤아 씨와 지훈 씨가 뭘 하고 있어요?

나 : 영화를 보면서 데이트를 하고 있어요.

1) **가 :** 미나 씨가 뭐 해요?

나 : ________________ 책을 읽고 있어요.

2) **가 :** 민수 씨가 뭐 해요?

나 : ________________ 공부하고 있어요.

3) **가 :** 영희 씨가 뭐 해요?

나 : ______________________________.

4) **가 :** 알렉세이 씨가 뭐 해요?

나 : ______________________________.

5) **가 :** 바트 씨가 뭐 하고 있어요?

나 : ______________________________.

–(으)ㄹ 줄 알다/모르다

1. 보기 와 같이 문장을 완성하십시오.

 (ㅇ)	보기 제임스 씨는 운전을 할 줄 알아요. (운전을 하다)
 (ㅇ)	1) 카오루 씨는 ________________. (피아노를 치다)
 (×)	2) 밍밍 씨는 ________________. (한자를 읽다)
 (×)	3) 자야 씨는 ________________. (말을 타다)
 (ㅇ)	4) 카오루 씨는________________. (케이크를 만들다)

2. (보기) 와 같이 문장을 완성하십시오.

 (o)	(보기) **가 :** 장핑 씨는 수영을 할 수 있어요? **나 :** 네, 할 줄 알아요.

 (×)	1) **가 :** 미나 씨는 기타를 칠 수 있어요? **나 :** 아니요, 미나 씨는 ______________________.
 (o)	2) **가 :** 카오루 씨는 자전거를 잘 타요? **나 :** 음, 카오루 씨는 ______________ 지만 잘 타지 않아요.
 (×)	3) **가 :** 카오루 씨, 탁구를 잘 쳐요? **나 :** 아니요, 저는 탁구를 배우지 않아서 ______________.
 (×)	4) **가 :** 저 비빔밥 윤아 씨가 만든 거예요? **나 :** 아니요, 저것은 윤아 씨 언니가 만든 거예요. 윤아 씨는 ______________________.
 (o)	5) **가 :** 바트 씨는 영어 신문을 ______________________? **나 :** 네, ______________________.

종합 연습

'-(으)면서'와 '-(으)ㄹ 줄 알다/모르다'를 사용하여 대화를 완성하십시오.

바트	제프리 씨, 어제 뭐 했어요?
제프리	친구 집에 가서 컴퓨터를 고쳤어요.
바트	제프리 씨, 컴퓨터를 ______________________?
제프리	네, ______________________________.
바트	그럼 우리 집에 있는 컴퓨터 좀 고쳐 주세요. 며칠 전부터 좀 이상해요.
제프리	오늘 수업 끝난 후에 바트 씨 집에 가서 볼게요.
바트	좋아요. 제프리 씨, 카드 게임을 ____________________?
제프리	아니요, __________________________.
바트	제가 가르쳐 줄게요. 우리 저녁 먹고 ______________ 같이 놀아요.

12과 운동을 하려고 스포츠 센터를 찾고 있어요

어휘

1. 보기 에서 알맞은 단어를 골라 문장을 완성하십시오.

보기

월급　　고민　　매주　　사과　　그만

1) 저는 ________ 토요일에 등산을 가요.

2) 네가 잘못했으니까 먼저 ________ 을/를 해.

3) 제가 회사에서 일한 지 한 달이 되었어요. 그래서 내일은 ________ 을/를 받는 날이에요.

4) 요즘 밤에 잠을 못 자서 ________ 이에요/예요.

5) 배가 부르니까 ________ 먹을게요.

보기

벌다　　즐겁다　　따라오다　　결정하다

6) 제가 같이 갈게요. 저를 ________ (으)세요.

7) 12시에 올 거예요? 1시에 올 거예요? 빨리 ________ (으)세요.

8) 학교에 가면 재미있고 ________ 아요/어요.

9) 아르바이트를 해서 돈을 ________ 아요/어요.

–(으)려고

1. 관계있는 것을 연결하고 문장을 완성하십시오.

1) 친구 생일 때 주다	책을 샀다
2) 심심할 때 읽다	케이크를 샀다
3) 여행을 가다	친구에게 전화했다
4) 부탁을 하다	기차표를 예매했다
5) 뉴스를 듣다	부엌에 들어갔다.
6) 불고기를 만들다	라디오를 켰다

1) 친구 생일 때 주려고 케이크를 샀어요.

2) __________.

3) __________.

4) __________.

5) __________.

6) __________.

2. 보기 와 같이 대화를 완성하십시오.

> **보기**
>
> **가 :** 영어 학원을 다녀요?
>
> **나 :** 네, 영어 신문을 읽으려고 영어를 배워요.

1) **가 :** 왜 컴퓨터를 켰어요?

나 : __________ 컴퓨터를 켰어요.

2) **가** : 선생님을 만나요?

나 : 네, 모르는 것이 있어서 ________________ 선생님을 만나요.

3) **가** : 왜 반지를 샀어요?

나 : 여자 친구에게 ________________ 반지를 샀어요.

4) **가** : 김밥을 많이 가져 왔네요. 이 김밥 혼자 먹을 거예요?

나 : 아니요, ________________ 많이 가지고 왔어요.

5) **가** : 왜 고기를 샀어요?

나 : 오늘 친구들이 집에 와서 불고기를 ____________ 고기를 샀어요.

–(으)ㄹ지 –(으)ㄹ지

1. 보기 와 같이 문장을 완성하십시오.

> **보기**
>
> 머리 모양을 바꾸고 싶어서 미용실에 왔어요. 그래서 염색을 할지 파마를 할지 생각 중이에요. (염색을 하다 / 파마를 하다)

1) 이 식당은 짜장면도 맛있고 짬뽕도 맛있어요.

그래서 지금 ______________ ________________ 고민하고 있어요.

(짜장면을 먹다 / 짬뽕을 먹다)

2) 친구 선물을 사러 갈 거예요. ______________ ______________ 생각 중이에요.

(백화점에 가다 / 마트에 가다)

3) 돈이 필요하지만 공부할 시간이 부족해요. 그래서 ____________________
____________________ 생각 중이에요. (아르바이트를 하다 / 공부만 하다)

4) 학교에서 집까지 버스로 두 정거장이에요. 그래서 __________ __________
고민하고 있어요. (걷다 / 버스를 타다)

5) 10시에 일어났어요. ______________ ______________ 고민 중이에요.
(학교에 가다 / 말다)

2. (보기) 와 같이 대화를 완성하십시오.

보기

가 : 간토야 씨, 오늘 약속이 있어요?
나 : 네, 친구랑 약속이 있어요.
그런데 좀 아파서 집에서 쉴지 친구를 만나러 갈지 고민이에요.

1) 가 : ________ 씨에게 연락했어요?
나 : ________ 씨가 요즘 바빠요. 그래서 ____________________
____________________ 고민하고 있어요.

2) 가 : 영어 공부를 하고 싶어요. 그래서 지금 ____________________
____________________ 고민하고 있어요.
나 : 학원에 다니세요. 혼자 공부하면 오래 못해요.

3) 가 : 마키 씨, 뭘 고민하고 있어요?
나 : 한국 생활이 힘들어서 ______________ ______________
고민하고 있어요.

4) **가 :** 음식이 조금만 남았어요. 그래서 배가 부르지만 ______________________

______________________ 고민이에요.

나 : 조금 남았으니까 그냥 드세요.

5) **가 :** 약속 시간이 한 시간이 지났어요. 그런데 친구가 안 와요.

나 : 친구가 전화를 했어요?

가 : 아니요. 그래서 지금 계속 ______________ ______________

고민하고 있어요.

종합 연습

'–(으)려고'와 '–(으)ㄹ지 –(으)ㄹ지'를 이용하여 대화를 완성하십시오.

간토야	이리나 씨, 기분이 안 좋아요?
이리나	네, 같이 사는 친구랑 싸웠어요.
간토야	왜 싸웠어요?
이리나	여행갈 때 ______________ 옷을 하나 샀어요. 그런데 친구가 저한테 물어보지 않고 제 옷을 입었어요.
간토야	정말 화가 나겠어요.
이리나	또 친구들이랑 우리 집에 와서 밤늦게까지 놀아요.
간토야	정말 그 친구랑 같이 살기 불편하겠어요.
이리나	맞아요. 그래서 ______________ ______________ 생각 중이에요.

13과 불고기를 만들어 봅시다

어휘

1. (보기) 에서 알맞은 단어를 골라 문장을 완성하십시오.

보기

섞다　썰다　익다　뒤집다　볶다

1) 큰 그릇에 야채와 고기에 양념장을 넣고 ________ 아/어 주세요.

2) 야채를 가늘게 ________ (으)세요.

3) 생선 한쪽이 익으면 ________ 아/어 주세요.

4) 프라이팬에 기름을 넣은 다음에 고기를 넣고 ________ (으)세요.

5) 잠깐만 기다리세요. 고기가 ________ (으)면 먹읍시다.

-게

1. (보기) 에서 알맞은 단어를 골라 문장을 완성하십시오.

보기

싸다　맵지 않다　쉽다　짧다　깨끗하다　크다

1) 그 옷을 싸게 샀어요.

2) 머리를 ________ 잘랐어요.

3) 주말에 방을 ________ 청소했어요.

4) 바트 씨가 매운 음식을 못 먹어서 음식을 __________ 만들었어요.

5) 도서관에서 ________ 이야기하면 안 돼요.

6) 친구들이 도와줘서 이사를 ________ 끝냈어요.

2. 다음과 같이 대화를 완성하십시오.

1) **가 :** 가방이 아주 예쁘네요. 얼마예요?
나 : 비싸지 않아요. 세일을 해서 싸게 샀어요.

2) **가 :** 초대해 주셔서 감사합니다. 음식을 많이 준비하셨네요.
나 : ________ 드세요.

3) **가 :** 어제 바트 씨 여자 친구 봤어요?
나 : 네, 봤어요. 여자 친구가 ________ 생겼어요.

4) **가 :** 어제 놀이공원에서 재미있었어요?
나 : 네, 친구들과 정말 ________ 놀았어요.

5) **가 :** 혼자 음식을 준비하니까 힘들겠어요. 도와줄까요?
나 : 고마워요. 그럼 먼저 채소를 ________ 씻어 주세요.

6) **가 :** 선생님, 내일 몇 시까지 와야 해요?
나 : 내일은 시험이 있으니까 ________ 오지 마세요.

7) **가 :** 오늘 날씨가 춥네요.
나 : 감기에 걸리기가 쉬워요. 옷을 ________ 입고 나가세요.

-(으)ㅂ시다

1. (보기) 에서 알맞은 단어를 골라 문장을 완성하십시오.

보기

만나다 　 만들다 　 시키다 　 듣다 　 보다 　 읽다

1) 내일 학교 앞에서 만납시다.

2) 오늘은 바쁘니까 내일 그 영화를 ________________.

3) 다 같이 책을 크게 ________________.

4) 이 식당은 불고기가 맛있으니까 불고기를 ________________.

5) 자, 이제 듣기 시간입니다. 같이 ________________.

6) 오늘은 요리 수업을 합니다. 다 같이 김밥을 ________________.

2. (보기) 와 같이 대화를 완성하십시오.

보기

가 : 다리가 아프니까 여기에서 좀 쉴까요?

나 : 네, 좀 쉽시다.

1) **가 :** 여기 경치가 참 좋네요.

나 : 여기에서 사진을 ________________.

2) **가 :** 점심을 많이 먹어서 배가 부르네요.

나 : 그럼 공원에 가서 ________________.

3) **가 :** 눈이 와요. 밖에 가서 같이 눈사람을 만들까요?

나 : 네, 좋아요. 같이 ______________________________.

4) **가 :** 서울식당에 갈까요?

나 : 서울식당은 맛이 없으니까 ______________________________.

5) **가 :** 방학 때 어디로 여행 갈까요?

나 : ______________________________.

종합 연습

'-(으)ㅂ시다'와 '-게'를 사용하여 대화를 완성하십시오.

간토야	내일 놀이공원에 가려고 해요. 같이 갈까요?
장핑	네, 좋아요. 같이 ____________.
간토야	어디에서 만날까요?
장핑	학교 앞에서 ____________.
간토야	내일은 날씨가 추울 거예요. 옷을 __________ 입고 오세요.
장핑	네, ________ 입고 갈게요. 내일 사진도 많이 ____________.
간토야	네, __________. 그리고 놀이공원에서 ________________.
장핑	네, 좋아요.

14과 불고기가 맛있다고 해요

어휘

1. 보기 에서 알맞은 단어를 골라 문장을 완성하십시오.

보기

급하다　도착하다　기뻐하다　추천하다　지키다　퇴근하다

1) 선생님, 죄송해요. ________(으)ㄴ 일이 있어서 학교에 갈 수 없어요.

2) 바트 씨에게 어떤 선물을 주면 ________(으)ㄹ까요?

3) 비행기가 1시간 늦게 ________았어요/었어요.

4) 장핑 씨는 항상 약속을 잘 ________아요/어요.

5) 저는 9시에 출근하고 6시에 ________아요/어요.

6) 좋은 식당이 있으면 ________아/어 주세요.

-(으)ㄹ까요?[2]

1. 보기 에서 알맞은 단어를 골라 문장을 완성하십시오.

보기

좋다　이 선물을 좋아하다　도착했다

어렵다　많다　얼마나 걸리다

1) 제 친구가 이 선물을 좋아할까요?

2) 지난번 쓰기 시험을 못 봐서 걱정이에요. 이번 쓰기 시험이 __________?

3) 토요일에 한강공원에 가려고 해요. 날씨가 __________?

4) 지금 백화점에 사람이 __________?

5) 지금 명동까지 버스를 타면 시간이 __________?

6) 왕쯔이 씨가 오늘 아침에 고향으로 떠났어요. 잘 __________?

2. (보기) 와 같이 대화를 완성하십시오.

보기

가 : 제프리 씨도 내일 간토야 씨 집에 올까요?
나 : 아마 올 거예요.

1) 가 : 지금 학생 식당에 가면 사람이 __________?
나 : 1시니까 아마 많을 거예요.

2) 가 : 프랑스어를 배우고 싶어요. __________?
나 : 아마 어려울 거예요. 하지만 열심히 하면 잘할 수 있을 거예요.

3) 가 : 바트 씨 전화번호를 누가 __________?
나 : 바트 씨가 간토야 씨하고 친하니까 간토야 씨에게 물어보세요.

4) 가 : 강 선생님이 __________?
나 : 결혼하셨어요. 강 선생님이 아이 사진을 보여 줬어요.

5) 가 : 장핑 씨가 __________?
나 : 아마 __________.

-다고 하다

1. 다음을 간접 인용으로 바꾸십시오.

1-1

1) 
투이

한국 음식을 좋아해요.

2) 
마키

날마다 도서관에 가서 책을 읽어요.

3) 
알렉세이

고향 음식을 자주 만들어요.

4) 
카오루

오늘 날씨가 좋아요.

5) 
압둘라

고향은 더워요.

6) 
간토야

집이 학교에서 멀어요.

7) 
장핑

어머니가 선생님이에요.

8) 
왕쯔이

한국 사람이 아니에요.

1) 투이 씨가 한국 음식을 좋아한다고 했어요.

2) 마키 씨가 ______________________.

3) 알렉세이 씨가 ______________________.

4) 카오루 씨가 ______________________.

5) 압둘라 씨가 ______________________.

6) 간토야 씨가 ______________________.

7) 장핑 씨가 ______________________.

8) 왕쯔이 씨가 ______________________.

1–2

1) 
투이
어제 친구하고 영화를 봤어요.

2) 
마키
주말에 책을 읽었어요.

3) 
알렉세이
지난주에 바빴어요.

4) 
카오루
작년 겨울에 추웠어요.

5) 
압둘라
고향에서 한국어를 배우지 않았어요.

6) 
간토야
주말에 기숙사에 있을 거예요.

7) 
장핑
아마 다음 시험은 어렵지 않을 거예요.

8) 
왕쯔이
아마 제프리 씨 취미는 음악 감상일 거예요.

1) 투이 씨가 어제 친구하고 영화를 봤다고 했어요 .

2) 마키 씨가 ________________________________.

3) 알렉세이 씨가 ________________________________.

4) 카오루 씨가 ________________________________.

5) 압둘라 씨가 ________________________________.

6) 간토야 씨가 ________________________________.

7) 장핑 씨가 ________________________________.

8) 왕쯔이 씨가 ________________________________.

2. (보기) 와 같이 대화를 완성하십시오.

보기

가 : 이번 방학에 여행을 가려고 해요. 어디가 좋을까요?

나 : 바다가 아름다우니까 부산에 가 보세요. 제 친구들도 부산이 좋다고 했어요.

1) **가 :** 주말에 친구가 와서 서울 구경을 하려고 해요. 어디에 가면 좋을까요?

나 : 한강공원이 좋으니까 한강에 가 보세요.

한국 친구가 ______________________________.

2) **가 :** 주말에 영화를 보려고 해요. 어떤 영화가 재미있을까요?

나 : ______________________________.

3) **가 :** 고향에 갈 때 가족에게 선물을 하려고 해요. 무엇이 좋을까요?

나 : ______________________________.

4) **가 :** 오후에 날씨가 어떨까요? 일기 예보를 봤어요?

나 : 네, 일기 예보를 봤어요. 오후에 ______________________________.

5) **가 :** 알렉세이 씨를 만났어요? 알렉세이 씨가 어제 뭐 했다고 했어요?

나 : ______________________________.

종합 연습

'–(으)ㄹ까요?'와 '–다고 하다'를 이용하여 대화를 완성해 보십시오.

왕쯔이	고향에서 친구가 와서 놀이공원에 가려고 해요. 놀이공원에 가면 ______________________?
마키	아마 재미있을 거예요. 윤아 씨가 ______________ 했어요.
왕쯔이	마키 씨는 안 가 봤어요?
마키	네, 저는 안 가 봤어요. 하지만 윤아 씨한테서 들었어요.
왕쯔이	저는 토요일에 가려고 해요. 그런데 토요일에 가면 ______________?
마키	아마 복잡할 거예요. 윤아 씨가 주말에 가면 ______________ 했어요.
왕쯔이	네, 알겠어요. 고마워요.

15과 친구 어머니께서 오라고 하셨어요

어휘

1. 보기 에서 알맞은 단어를 골라 문장을 완성하십시오.

보기

댁　　상담　　전통　　비밀　　후배

1) **가 :** 한국 생활이 익숙해지지 않아서 아직도 힘들어요.

   나 : 그럼, ________ 선생님과 이야기해 보세요.

2) 고향에서 고등학교 ________이/가 와서 저녁을 같이 먹었어요.

3) 이건 ________(이)니까 다른 사람에게 말하지 마세요.

4) 저는 한국 옛날 문화에 관심이 많아요. 그래서 음악회에 가서 한국 ________음악을 들었어요.

5) 방학 때 할머니 ________에 갈 거예요.

–냐고 하다

1. 다음을 간접 인용으로 바꾸십시오.

1–1

1) 
투이
한국 영화를 좋아해요?

2) 
마키
수업 후에 어디에서 밥을 먹어요?

3) 
알렉세이
한국 음악을 자주 들어요?

4)  카오루 — 주말에 고향 음식을 만들어요?

5)  압둘라 — 김치가 매워요?

6)  간토야 — 여자 친구 머리가 길어요?

7)  장핑 — 한국 생활이 재미있어요?

8)  왕쯔이 — 어머니가 선생님이에요?

1) 투이 씨가 한국 영화를 좋아하냐고 했어요.

2) 마키 씨가 ______________________.

3) 알렉세이 씨가 ______________________.

4) 카오루 씨가 ______________________.

5) 압둘라 씨가 ______________________.

6) 간토야 씨가 ______________________.

7) 장핑 씨가 ______________________.

8) 왕쯔이 씨가 ______________________.

1–2

1)  투이 — 어제 친구하고 무슨 영화를 봤어요?

2)  마키 — 지난주에 바빴어요?

3)  알렉세이 — 어제 기숙사가 조용하지 않았어요?

4) 
카오루

미국에서 회사원이었어요?

5) 
압둘라

투이 씨가 이사할 때 도와줄 거예요?

6) 
간토야

내일 놀이공원에 가서 놀 거예요?

1) 투이 씨가 어제 친구하고 무슨 영화를 봤냐고 했어요.

2) 마키 씨가 ______________________.

3) 알렉세이 씨가 ______________________.

4) 카오루 씨가 ______________________.

5) 압둘라 씨가 ______________________.

6) 간토야 씨가 ______________________.

2. 보기 와 같이 대화를 완성하십시오.

보기

가 : 상담 선생님이 뭐라고 했어요?

나 : 한국 생활이 재미있냐고 했어요.

1) 가 : 카오루 씨가 뭐라고 했어요?

나 : 일본에서 친구가 온다고 했어요. 그래서 어디에 가면 ______________ 물어봤어요.

2) 가 : 간토야 씨가 뭐라고 했어요?

나 : 일본은 여름에 비가 많이 ______________ 물어봤어요.

3) 가 : 선생님이 뭐라고 했어요?

나 : 지금 어디에서 ______________________.

4) **가 :** 어머니가 뭐라고 했어요?

나 : ______________________________.

–(으)라고 하다

1. 다음을 간접 인용으로 바꾸십시오.

1) 
투이
날마다 운동하세요.

2) 
마키
조용히 하세요.

3) 
알렉세이
책을 읽으세요.

4) 
카오루
놀이공원에 가서 재미있게 노세요.

5) 
압둘라
한국 노래를 많이 들으세요.

6) 
간토야
볼펜 좀 빌려 주세요.

7) 
장핑
담배를 피우지 마세요.

8) 
왕쯔이
수업 시간에 휴대 전화를 사용하지 마세요.

1) 투이 씨가 날마다 운동하라고 했어요.

2) 마키 씨가 ______________________________.

3) 알렉세이 씨가 ______________________________.

4) 카오루 씨가 ______________________________.

5) 압둘라 씨가 ____.

6) 간토야 씨가 ____.

7) 장핑 씨가 ____.

8) 왕쯔이 씨가 ____.

2. (보기) 와 같이 대화를 완성하십시오.

보기

가 : 선생님이 뭐라고 했어요?

나 : 내일까지 숙제를 하라고 했어요.

1) 가 : 의사 선생님이 뭐라고 했어요?

나 : 따뜻한 물을 자주 ________________________.

2) 가 : 의사 선생님이 또 뭐라고 했어요?

나 : ________________지 말라고 했어요.

3) 가 : 투이 씨, 내일 학교에서 9시에 출발하니까

선생님이 ________________________________.

나 : 네, 알겠어요. 고마워요.

4) 가 : 선생님이 시험 보기 전에 뭐라고 했어요?

나 : 시험이 어려우니까 ________________________.

5) 가 : 한국에 오기 전에 어머니가 뭐라고 했어요?

나 : ____.

종합 연습

'-냐고 하다'와 '-(으)라고 하다'를 이용하여 대화를 완성해 보십시오.

제프리	토요일에 투이 씨가 생일 파티를 한다고 해요. 투이 씨가 간토야 씨도 ______________ 물어봤어요.
간토야	저도 갈 거예요. 그런데 몇 시까지 ____________ 했어요?
제프리	저녁을 먹을 거니까 5시까지 ____________________.
간토야	어디에서 먹는다고 했어요?
제프리	학교 근처에 있는 베트남 식당에서 먹는다고 해요. 그러니까 거기로 ______________ 했어요.
간토야	네, 그럼 거기로 5시까지 갈게요.

16과 길이 막힐 테니까 일찍 출발하세요

어휘

1. 보기 에서 알맞은 단어를 골라 문장을 완성하십시오.

보기

미리 따로 특별히 찾아보다 떠들다 마르다

1) 언니도 한국에서 공부하지만 우리는 같이 살지 않고 ________ 살아요.

2) 손님이 집에 오기 전에 ________ 음식을 준비하고 청소를 했어요.

3) 저는 한국 음식을 좋아해요. 그중에서 ________ 비빔밥을 좋아해요.

4) 너무 시끄러워요. 수업 시간에는 ________지 마세요.

5) 목이 ________아서/어서 차가운 물을 마셨어요.

6) 저는 공부할 때 모르는 단어가 나오면 사전을 __________아요/어요.

-자고 하다

1. 다음을 간접 인용으로 바꾸십시오.

1) 
투이
주말에 같이 명동에 갑시다.

2) 
마키
도서관에 가서 같이 책을 읽읍시다.

3) 
알렉세이
오후에 같이 불고기를 만듭시다.

4) 
카오루

놀이공원에 가서 재미있게 놉시다.

5) 
압둘라

점심 식사 후에 좀 걸읍시다.

6) 
간토야

마키 씨가 이사하니까 도웁시다.

7) 
장핑

지금은 비가 오니까 등산을 가지 맙시다.

8) 
왕쯔이

사람이 많으니까 여기에서 사진을 찍지 맙시다.

1) 투이 씨가 주말에 같이 명동에 가자고 했어요 .

2) 마키 씨가 ______________________________.

3) 알렉세이 씨가 ______________________________.

4) 카오루 씨가 ______________________________.

5) 압둘라 씨가 ______________________________.

6) 간토야 씨가 ______________________________.

7) 장핑 씨가 ______________________________.

8) 왕쯔이 씨가 ______________________________.

2. 보기 와 같이 대화를 완성하십시오.

보기

가 : 선생님이 뭐라고 했어요?

나 : 내일 8시에 학교 앞에서 만나자고 했어요 .

1) **가 :** 어디에서 저녁을 먹을 거예요?

나 : 압둘라 씨가 이태원에서 ______________________________.

2) **가 :** 제프리 씨가 뭐라고 했어요?

나 : 7시에 학교 정문에서 ______________ 했어요.

3) **가 :** 주말에 뭐 할 거예요?

나 : 기숙사에서 청소를 할 거예요. 방 친구가 같이 ____________________.

4) **가 :** 방학 때 뭐 할 거예요?

나 : 친구가 ____________________________. 그래서 부산에 갈 거예요.

5) **가 :** 시험이 끝나면 뭐 할 거예요?

나 : 간토야 씨가 ______________________________.

–(으)ㄹ 테니까[1]

1. (보기) 에서 알맞은 단어를 골라 문장을 완성하십시오.

보기					
어렵다	걷다	오다	뜨겁다	달다	바쁘다

1) 쓰기 시험이 __어려울 테니까__ 준비를 많이 하세요.

2) 제프리 씨가 지금 회사 일이 많아서 ______________ 나중에 전화하세요.

3) 김치찌개가 ______________ 조금 이따가 드세요.

4) 손님이 많이 ______________ 음식을 많이 준비하세요.

5) 등산을 하면 많이 ______________ 편한 신발을 신고 오세요.

6) 설탕을 더 넣으면 ______________ 넣지 마세요.

2. (보기) 와 같이 대화를 완성하십시오.

보기

가 : 토요일에 길이 밀릴까요?

나 : 네. 길이 밀릴 테니까 좀 일찍 출발하세요 .

1) **가 :** 우산을 가지고 가야 해요?

나 : 네, 오후에 비가 ________________ 우산을 가지고 가세요.

2) **가 :** 어머니 선물을 사러 백화점에 가야 해요. 주말에 가면 사람이 많을까요?

나 : 네, ________________________________ 평일에 가세요.

3) **가 :** 말하기 시험이 어려울까요?

나 : 네, ________________________________ 연습을 많이 하세요.

4) **가 :** 지금 밖이 추울까요?

나 : 네, ________________________________따뜻하게 입고 나가세요.

5) **가 :** 박 선생님께 물어볼 게 있어요. 박 선생님과 지금 통화할 수 있을까요?

나 : 아니요, 박 선생님이 ____.

종합 연습

'-(으)ㄹ 테니까'와 '-자고 하다'를 이용하여 대화를 완성해 보십시오.

바트 내일 간토야 씨가 자기 집에 오라고 했어요.

이리나 왜요?

바트 같이 저녁을 ________________ 했어요.

이리나 내일이 특별한 날이에요?

바트 네, 간토야 씨 생일이에요.

이리나 아, 그래요? 무슨 선물을 하면 간토야 씨가 좋아할까요?

바트 꽃을 선물하면 ____________ 꽃을 주세요.

이리나 몇 시까지 가야 해요?

바트 7시까지요.

이리나 그 시간에는 차가 밀릴 거예요.

____.

바트 네, 알겠어요.

17과 책상을 주문하셨지요?

어휘

1. 보기 에서 알맞은 단어를 골라 문장을 완성하십시오.

보기

기억하다 꾸다 내려오다 늦어지다 촬영하다

1) 주문이 많아서 배달이 ________았어요/었어요.

2) 어제 무서운 꿈을 ________아서/어서 잠을 잘 못 잤어요.

3) 1급 때 선생님과 친구들 이름을 지금도 ________고 있어요.

4) 어제 명동에서 영화를 ________는 것을 봤어요. 그래서 유명한 배우를 봤어요.

5) 지금 5층이에요? 사무실은 2층에 있으니까 ________(으)세요.

–지요?

1. 보기 에서 알맞은 단어를 골라 문장을 완성하십시오.

보기

맞다 덥다 가다 재미있다 만나다 이다

1) 내일 시험 보는 거 __맞지요__?

2) 한국어 공부가 ____________?

3) 여름이니까 __________?

4) 거기가 국민백화점__________?

5) 어제 바트 씨를 __________?

6) 다음 방학에 고향에 __________?

2. (보기) 와 같이 대화를 완성하십시오.

보기

가 : 한국 드라마가 정말 재미있지요?
나 : 네, 정말 재미있어요.

1) **가 :** 쉬니까 __________?
나 : 네, 좋아요.

2) **가 :** 이 떡볶이가 정말 __________?
나 : 네, 정말 맵네요.

3) **가 :** 집이 지하철역에서 가까워서 __________?
나 : 네, 정말 시끄러워요.

4) **가 :** 주말에 ______________________________?
나 : ______________________________.

5) **가 :** 어제 ______________________________?
나 : ______________________________.

–다가

1. (보기) 와 같이 '–다가'를 사용하여 문장을 연결하십시오.

> **보기**
>
> 학교에 오고 있었어요. 친구를 만났어요.
>
> → 학교에 오다가 친구를 만났어요.

1) 요리를 하고 있었어요. 전화를 받았어요.

→ ____________________.

2) 스키를 타고 있었어요. 다리를 다쳤어요.

→ ____________________.

3) 영화를 보고 있었어요. 슬퍼서 울었어요.

→ ____________________.

4) 버스를 타고 와요. 길음역에서 지하철로 갈아타세요.

→ ____________________.

5) 지하철 2호선을 타고 오세요. 사당역에서 4호선으로 갈아타세요.

→ ____________________.

2. (보기) 와 같이 대화를 완성하십시오.

보기

가 : 거기까지 어떻게 가야 해요?

나 : 지하철을 타고 오다가 버스로 갈아타세요.

1) 가 : 그 샌드위치 어디에서 샀어요?

나 : 학교에 ______________ 편의점에서 샀어요.

2) 가 : 어제 영화가 재미있었어요?

나 : 아니요, 너무 재미없어서 ______________ 잤어요.

3) 가 : 왜 원룸으로 이사했어요?

나 : 혼자 살고 싶어서 ______________ 원룸으로 이사했어요.

4) 가 : 피곤해요? 어제 잘 못 잤어요?

나 : 네, 어제 무서운 꿈을 꿔서 ______________ 일어났어요.

5) 가 : 왜 ______________ 쉬고 있어요?

나 : 다리가 아파서 쉬고 있어요.

6) 가 : 집을 못 찾겠어요. 지금 세탁소 앞이에요. 어떻게 가야 해요?

나 : ____.

종합 연습

'-지요?'와 '-다가'를 이용하여 대화를 완성해 보십시오.

택배 기사	인터넷 쇼핑몰에서 옷장을 ______________?
마키	네, 맞아요.
택배 기사	지금 집 근처에 왔어요. 그런데 집을 못 찾겠어요.
마키	어디에 계세요?
택배 기사	국민세탁소 앞에 있어요.
마키	아, 네. 그럼 거기에서 똑바로 ______________(으)로 오세요.
택배 기사	네, 알겠습니다.

18과 친구하고 약속이 있거든요

어휘

1. 보기 에서 알맞은 단어를 골라 문장을 완성하십시오.

보기

위험하다 구하다 뛰어가다 익숙하다 주의하다 늘다

1) 길이 미끄러우니까 ________아서/어서 걸으세요.

2) 비가 올 때 빨리 운전하면 ________(으)니까 천천히 운전하세요.

3) 다음 달에 이사를 가야 해서 새 집을 ________아야/어야 해요.

4) 한국 생활이 처음에는 힘들었는데 지금은 ____________아서/어서 힘들지 않아요.

5) 약속 시간에 늦어서 ________았어요/었어요.

6) 날마다 연습을 하니까 한국어 말하기가 ________았어요/었어요.

–(으)ㄴ 덕분에 / 덕분에

1. 관계있는 것을 연결하고 문장을 완성하십시오.

1) 열심히 공부했어요. ●	● 아는 것이 많아졌어요.
2) 책을 많이 읽었어요. ●	● 한국어 듣기가 좋아졌어요.
3) 한국 드라마를 날마다 봤어요. ●	● 좋은 아르바이트를 찾을 수 있었어요.
4) 기숙사 친구들이 도와줬어요. ●	● 시험을 잘 봤어요.
5) 친구가 소개해 줬어요. ●	● 기숙사 생활을 빨리 잘할 수 있었어요.

1) 열심히 공부한 덕분에 시험을 잘 봤어요.

2) ______________________________.

3) ______________________________.

4) ______________________________.

5) ______________________________.

2. (보기) 에서 알맞은 단어를 골라 문장을 완성하십시오.

보기

맑은 날씨　　친구　　선생님　　부모님

1) 맑은 날씨 덕분에 문화 체험을 잘 갔다 왔어요.

2) ______________ 한국에서 아르바이트 하지 않고 편안하게 공부할 수 있어요.

3) 날마다 잘 가르쳐 주시는 ______________ 지금은 한국어를 잘할 수 있어요.

4) 동아리에서 만난 ______________ 한국 생활을 재미있게 하고 있어요.

3. (보기) 와 같이 대화를 완성하십시오.

보기

가 : 시험 잘 봤어요?

나 : 날마다 예습과 복습을 한 덕분에 잘 볼 수 있었어요.

1) **가 :** 알렉세이 씨가 취직했어요?

나 : 네, 교수님께서 직장을 ______________________ 취직할 수 있었어요.

2) **가 :** 발표 잘했어요?

나 : 네, 윤아 씨가 발표를 ______________________ 잘할 수 있었어요.

3) **가 :** 간토야 씨는 아는 것이 많네요.

나 : 어렸을 때부터 책을 많이 ________________.

4) **가 :** 유명한 곳을 많이 아네요.

나 : 텔레비전 여행 프로그램을 자주 ________________.

5) **가 :** 한국 노래를 많이 아네요.

나 : ________________.

–거든요

1. 관계있는 것을 연결하고 문장을 완성하십시오.

1) 다리가 아주 아파요. ●	● 감기에 걸렸어요.
2) 오늘 수영장에 안 갔어요. ●	● 시험이 있어요.
3) 그 영화를 5번 봤어요. ●	● 매운 음식을 좋아해요.
4) 주말에 도서관에 갈 거예요. ●	● 많이 걸었어요.
5) 떡볶이를 자주 먹어요. ●	● 맛이 없어요.
6) 그 식당에 다시 안 갈 거예요. ●	● 재미있어요.

1) 다리가 아주 아파요. 많이 걸었거든요.

2) ________________.

3) ________________.

4) ________________.

5) ________________.

6) ________________.

2. (보기) 와 같이 대화를 완성하십시오.

보기

가 : 수업 후에 영화를 같이 보러 갈까요?

나 : 미안해요. 같이 갈 수 없어요. 내일 시험이 있거든요.

1) **가 :** 어디 가요?

나 : 꽃을 사러 가요. ______________________. (여자 친구 생일이다)

2) **가 :** 날씬해졌네요. 어떻게 날씬해졌어요?

나 : ______________________. (날마다 운동했다)

3) **가 :** 피곤하세요?

나 : 네, 조금 피곤해요. ______________________.

4) **가 :** 기분 좋은 일이 있어요?

나 : 네, ______________________.

5) **가 :** 사람들이 왜 제주도에 가고 싶어 해요?

나 : ______________________.

종합 연습

'–(으)ㄴ 덕분에'와 '–거든요'를 이용하여 대화를 완성해 보십시오.

이리나	내일 시간 있어요?
장핑	네, 있어요. 그런데 왜요?
이리나	내일 ______________________________.
장핑	어디로 이사해요?
이리나	학교 근처 원룸으로 이사해요. 내일 도와줄 수 있어요?
장핑	그럼요. 도와줄 수 있어요.
이리나	고마워요. 장핑 씨 ______________________________.

19과 요금이 얼마인지 알아요?

어휘

1. 보기 에서 알맞은 단어를 골라 문장을 완성하십시오.

보기

요금 조언 씩 정도 종일

1) 공책을 한 사람에 한 권______ 나눠 주세요.
2) 피곤해서 밖에 나가지 않고 하루 ______ 집에서 쉬었어요.
3) 학교에서 집까지 걸어서 20분 ______ 걸려요.
4) 주차 ______이/가 30분에 1000원입니다.
5) 공부하는 방법을 잘 몰라요. 그래서 선생님 ______이/가 필요해요.

-(으)려면

1. 관계있는 것을 연결하고 문장을 완성하십시오.

1) 좋은 자리에서 영화를 보고 싶어요. ●	● 따뜻하게 입으세요.
2) 건강하게 살고 싶어요. ●	● 9시까지 오세요.
3) 겨울에 감기에 걸리지 않았으면 좋겠어요. ●	● 라디오를 들으세요.
4) 인기 있는 노래를 듣고 싶어요. ●	● 미리 예매하세요.
5) 친구 이사를 돕고 싶어요. ●	● 날마다 운동을 하세요.

1) 좋은 자리에서 영화를 보려면 미리 예매하세요.

2) ______________________.

3) ______________________.

4) ______________________.

5) ______________________.

2. (보기) 와 같이 대화를 완성하십시오.

보기

가 : 살을 빼고 싶어요. 어떻게 해야 해요?

나 : 살을 빼려면 밥을 조금 먹고 운동을 해야 해요.

1) 가 : 통장을 만들고 싶어요. 무엇이 필요해요?

나 : ______________________.

2) 가 : 한국어 말하기를 잘하고 싶어요. 어떻게 해야 해요?

나 : ______________________.

3) 가 : 졸업한 후에 한국 회사에서 일하고 싶어요. 어떻게 해야 해요?

나 : ______________________.

4) 가 : 컴퓨터를 싸게 사고 싶어요. 어디에서 사야 해요?

나 : ______________________.

5) 가 : 이태원에 가고 싶어요. 여기에서 어떻게 가야 해요?

나 : ______________________.

–는지/(으)ㄴ지 알다/모르다

1. 다음을 한 문장으로 만드십시오.

1) 한국 사람들이 설날에 무슨 음식을 먹어요? 알아요?

→ 한국 사람들이 설날에 무슨 음식을 먹는지 알아요 ?

2) 한국에서 언제 비가 제일 많이 와요? 알아요?

→ ______________________________ ?

3) 우리 반에서 누가 음식을 맛있게 만들어요? 알아요?

→ ______________________________ ?

4) 한국에서 언제가 제일 추워요? 알아요?

→ ______________________________ ?

5) 요즘 무슨 영화가 재미있어요? 알아요?

→ ______________________________ ?

6) 바트 씨가 언제 한국에 왔어요? 알아요?

→ ______________________________ ?

7) 이 공책이 누구 공책이에요? 알아요?

→ ______________________________ ?

8) 왕쯔이 씨가 고향에서 직업이 무엇이었어요? 알아요?

→ ______________________________ ?

2. (보기) 와 같이 대화를 완성하십시오.

보기

가 : 투이 씨, 간토야 씨 전화번호가 몇 번인지 알아요?

나 : 간토야 씨 전화번호가 몇 번인지 몰라요.

1) **가 :** 투이 씨, 간토야 씨가 ____________________?

나 : 기숙사에 살아요.

2) **가 :** 제프리 씨, 서울에서 ____________________?

나 : 남산하고 북한산이 아름다워요.

3) **가 :** 제프리 씨, ____________________?

나 : 이리나 씨 생일은 4월 7일이에요.

4) **가 :** 압둘라 씨, ____________________?

나 : 11월에 첫눈이 왔어요.

5) **가 :** 간토야 씨, ____________________?

나 : 이리나 씨가 명동에 가서 옷을 샀어요.

6) **가 :** ____________________?

나 : ____________________.

종합 연습

'-(으)려면'과 '-는지/(으)ㄴ지 알다/모르다'를 이용하여 대화를 완성해 보십시오.

이리나	친구랑 남산에 가려고 해요. 장핑 씨, 가 봤지요?
장핑	네. 가 봤어요.
이리나	여기에서 남산까지 ______________________________?
장핑	네, 지하철 4호선을 타고 가세요.
이리나	그럼 어느 역에서 ______________________________?
장핑	그럼요. 명동역에서 내리세요.
이리나	우리는 남산에 케이블카를 타고 올라가려고 해요. 케이블카를 __________ 몇 번 출구로 ____________________?
장핑	3번 출구로 나가세요.
이리나	가격이 ____________________?
장핑	잘 모르겠어요. 아마 인터넷에서 찾아보면 알 수 있을 거예요.
이리나	네, 알겠어요. 고마워요.

20과 버스가 고장 나서 탔다가 내렸어요

어휘

1. (보기) 에서 알맞은 단어를 골라 문장을 완성하십시오.

보기

걸다　끊다　통화하다　승강장　사고　자꾸

1) 고향에 계신 부모님께 자주 전화를 ______아요/어요.

2) 제가 말을 다 끝내기 전에 친구가 화가 나서 전화를 ______았어요/었어요.

3) 지하철 안에서 __________(으)ㄹ 때는 작게 말해야 해요.

4) 지하철 __________에서 지하철을 기다리다가 친구를 만났어요.

5) 교통 __________이/가 나서 길이 밀렸어요.

6) 그 드라마가 재미있어서 __________ 보고 싶어요.

(이)나

1. 관계있는 것을 연결하고 문장을 완성하십시오.

1) 어제 친구가 안 왔어요. ●	● 집에서 학교까지 2시간 걸렸어요.
2) 어제 배가 고팠어요. ●	● 하루에 20번 전화해요.
3) 그 책을 좋아해요. ●	● 짜장면을 3그릇 먹었어요.
4) 여자 친구를 좋아해요. ●	● 2시간 기다렸어요.
5) 오늘 아침에 교통사고가 났어요. ●	● 5번 읽었어요.

1) 어제 친구가 안 와서 2시간이나 기다렸어요.

2) ______________________.

3) ______________________.

4) ______________________.

5) ______________________.

2. (보기) 와 같이 대화를 완성하십시오.

> **보기**
>
> **가 :** 어제 운동을 많이 했어요?
>
> **나 :** 네, 어제 좀 많이 했어요. 3시간이나 했어요.

1) **가 :** 무슨 일 있었어요? 많이 늦었네요.

나 : 차가 막혀서 오늘은 ____________ 걸렸어요.

2) **가 :** 커피를 몇 잔 마셨어요?

나 : 공부를 해야 해서 ______________________.

3) **가 :** 어제 잘 잤어요?

나 : 피곤해서 ______________________.

4) **가 :** 한국어를 배운 지 얼마나 됐어요?

나 : ______________________.

5) **가 :** 강아지를 좋아한다고 들었어요. 강아지가 몇 마리 있어요?

나 : ______________________.

–았다가/었다가

1. 관계있는 것을 연결하고 문장을 완성하십시오.

1) 엘리베이터를 탔어요. ●	● 바꿨어요.
2) 에어컨을 켰어요. ●	● 닫았어요.
3) 옷을 샀어요. ●	● 다시 들어갔어요.
4) 문을 열었어요. ●	● 내렸어요.
5) 집에서 나왔어요. ●	● 껐어요.

1) 엘리베이터를 탔다가 내렸어요.

2) ______________________.

3) ______________________.

4) ______________________.

5) ______________________.

2. (보기) 와 같이 대화를 완성하십시오.

보기

가 : 왜 창문을 열었다가 닫아요? (열다 / 닫다)

나 : 밖이 너무 시끄러워서 열었다가 닫았어요.

1) **가 :** 왜 ______________? (예약을 하다 / 취소하다)

나 : 급한 일이 생겨서 ______________.

2) **가 :** 왜 바지를 ______________? (사다 / 바꾸다)

나 : 커서 ______________.

3) **가 :** 왜 옷을 ______________________________? (입다 / 벗다)

나 : 더워서 ______________________________.

4) **가 :** 왜 늦게 왔어요?

나 : 선생님, 죄송해요. 아침에 ______________________________.

그래서 10시에 일어났어요.

5) **가 :** 왜 지하철을 ______________________?

나 : ____.

6) **가 :** ____?

나 : ____.

종합 연습

'(이)나'와 '-았다가/었다가'를 이용하여 대화를 완성해 보십시오.

바트	여보세요. 장핑 씨. 왜 안 와요?
장핑	미안해요. 바트 씨.
바트	지금 약속 장소에서 30분_____ 기다렸어요. 무슨 일 있어요?
장핑	지하철을 잘못 탔어요. 그래서 ______________________________.
바트	그럼 지금 어디에 있어요?
장핑	지하철 승강장에 있어요.
바트	알았어요. 그럼 기다릴게요.

21과 이 모자는 안 어울릴 것 같은데요

어휘

1. (보기) 에서 알맞은 단어를 골라서 쓰십시오.

보기

줄무늬 체크무늬 물방울무늬 꽃무늬 무늬가 없다

1)

(무늬가 없다)

2)

(　　　　)

3)

(　　　　)

4)

(　　　　)

5)

(　　　　)

2. (보기) 에서 알맞은 단어를 골라 문장을 완성하십시오.

보기

늘 메다 화려하다 그치다 결석하다

1) 친구가 많이 아파서 학교에 __________았어요/었어요.

2) 비가 __________고 날씨가 맑아졌어요.

3) 이 가방은 __________거나 들 수 있어요.

4) 옷을 __________게 입은 가수들이 무대에서 춤을 추고 노래를 불렀어요.

5) 부모님은 __________ 저를 걱정하세요.

-는/(으)ㄴ 것 같다

1. 맞는 것을 고르십시오.

1) 동생이 전화를 안 받아요. 지금 (㉠잔, ㉡자는) 것 같아요.

2) 죄송하지만 길이 많이 막혀서 한 시간 후에 (㉠도착하는, ㉡도착할) 것 같아요.

3) 룸메이트가 하루 종일 말을 안 해요. 기분이 안 (㉠좋은, ㉡좋을) 것 같아요.

4) 시험이 너무 어려웠어요. 시험을 못 (㉠본, ㉡보는) 것 같아요.

5) 친한 친구가 요즘 연락이 없어요. 많이 (㉠바쁜, ㉡바쁠) 것 같아요.

6) 오늘 날씨가 정말 덥네요. 내일도 (㉠더운, ㉡더울) 것 같아요.

7) 윤아 씨 남자 친구가 (㉠외국 사람인, ㉡외국 사람일) 것 같아요.
남자 친구하고 전화할 때 한국어를 사용하지 않아요.

2. 그림을 보고 보기 와 같이 대화를 완성하십시오.

보기

가 : 내일 비가 올까요?

나 : 아니요, 비가 안 올 것 같아요.

1) 가 : 알렉세이 씨 기분이 어떤 것 같아요?

나 : ________________________________.

2) 가 : 이 영화가 어떨 것 같아요?

나 : ________________________________.

3) **가 :** 사무실에 선생님이 계세요?

나 : 아니요, 벌써 ______________________.

4) **가 :** 진수 씨가 계속 그 집에서 살까요?

나 : 아니요, ______________________.

5) **가 :** 왜 카오루 씨가 이 여자에게 선물을 줄까요?

나 : ______________________.

6) **가 :** 마이클 씨가 케이크를 만드네요. 오늘이 무슨 날이에요?

나 : 글쎄요, ______________________.

(으)로 하다

1. 그림을 보고 (보기) 와 같이 대화를 완성하십시오.

보기

빨간색

노란색

가 : 무슨 색으로 하시겠어요?

나 : 빨간색으로 할게요.

1) **가 :** 계산은 어떻게 하시겠어요?

나 : ______________________ 할게요.

2) **가 :** 후식은 콜라와 커피가 있습니다.
무엇으로 하시겠어요?

나 : ______________________ 할게요.

3) **가 :** 어느 가방으로 하시겠어요?

나 : ______________________ 할게요.

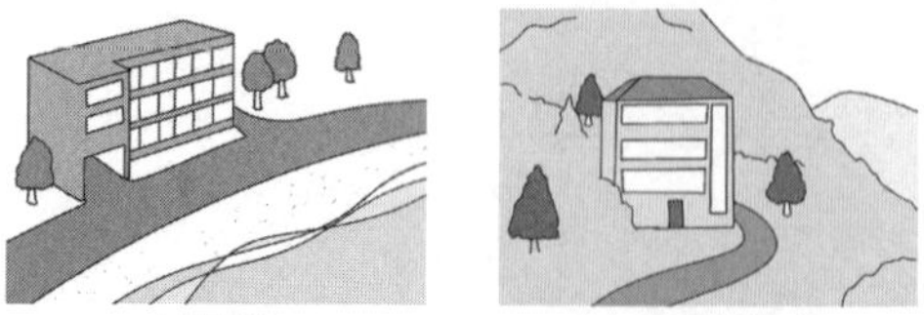

K호텔 M호텔

4) **가 :** 호텔 예약은 어디로 할까요?

나 : ______________________ 합시다.

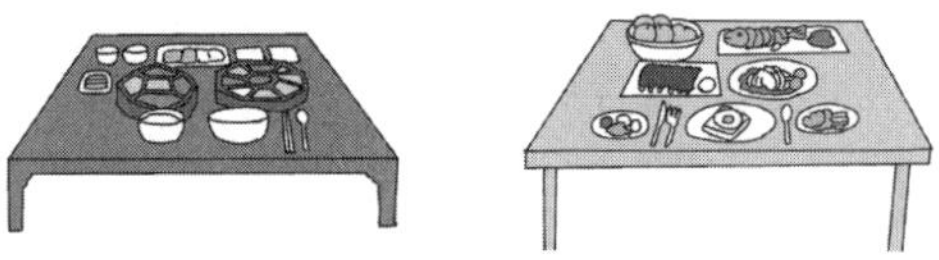

한식 양식

5) **가 :** 집에 손님을 초대했어요.
무슨 음식을 준비하면 좋을까요?

나 : ______________________ 하세요.

2. (보기) 와 같이 대화를 완성하십시오.

보기

가 : 오늘은 중국 음식을 시켜서 먹읍시다. 뭐 드시겠어요?

나 : 저는 볶음밥으로 할게요.

1) **가 :** 음료수는 무엇으로 하시겠어요?

나 : ______________________________________.

2) **가 :** 긴 양말과 짧은 양말이 있어요. 어떤 것으로 하시겠어요?

나 : ______________________________________.

3) **가 :** 3시 영화표와 5시 영화표가 있네요. 몇 시 표로 할까요?

나 : ____.

4) **가 :** 집들이 날짜를 언제로 할까요?

나 : ____.

5) **가 :** 이번 주 금요일이 어머니 생신이에요. 무엇을 선물하면 좋을까요?

나 : ____.

6) **가 :** 친한 친구가 결혼할 때도 결혼 선물을 하지 않고 현금으로 해요?

나 : ____.

종합 연습

'-는/(으)ㄴ 것 같다'와 '(으)로 하다'를 사용하여 대화를 완성하십시오.

투이	마키 씨, 저 옷 가게에 예쁜 옷이 ________________________.
	한번 들어가 볼까요?
마키	좋아요. 들어가 봐요.
주인	어서 오세요.
투이	마키 씨, 이 청바지 어때요?
마키	투이 씨한테 ______________________
투이	그럼 저 까만색 바지는 어때요?
마키	저것도 ______________________
투이	둘 다 마음에 드네요. 어떻게 할까요?
	______________________? ______________________?
마키	글쎄요, 한번 입어 보세요. 아주머니, 입어 봐도 돼요?

주인 그림요. 입어 보세요.

(입어 본 후에)

마키 지금 입은 청바지가 더 잘 어울려요.

그러니까 까만색 바지로 하지 말고 ______________________.

투이 저도 이게 더 마음에 들어요. 그런데 사이즈가 좀 ____________.

아주머니, 이 청바지 한 치수 작은 것으로 주세요.

주인 네, 여기 있어요.

투이 계산은 ______________________?

주인 그럼요. 여기에 서명해 주세요.

22과 그 귀걸이는 너무 커 보여요

어휘

1. 보기 에서 알맞은 단어를 골라 문장을 완성하십시오.

보기

유행하다　　맞다　　교환하다　　환불하다　　갖다　　남다

1) 요즘 짧은 치마가 __________아서/어서 저도 한 벌 샀어요.

2) 어제 산 티셔츠가 _____지 않아서 다른 사이즈로 바꿨어요.

3) 아이가 텔레비전에서 본 장난감을 __________고 싶어 해요.

4) 배가 부르니까 _____(으)ㄴ 음식은 포장해 갑시다.

5) 선물이 마음에 들지 않으면 다른 것으로 ________(으)세요.

6) 산 물건을 돈으로 _________(으)려면 계산한 카드와 영수증이 필요해요.

-(으)니까

1. 관계있는 것을 연결하고 문장을 완성하십시오.

1) 친구한테 전화하다 ●	● 어머니께서 요리를 하고 계셨어요.
2) 버스에서 내리다 ●	● 공기도 좋고 경치도 아름다워요.
3) 산꼭대기에 올라오다 ●	● 국민대학교 앞이 아니었어요.
4) 집에 가다 ●	● 자고 있었어요.
5) 창문을 열다 ●	● 시원한 바람이 들어왔어요.
6) 일기예보를 듣다 ●	● 하루 종일 비가 온다고 했어요.

1) 친구한테 전화하니까 자고 있었어요.

2) ______________________________.

3) ______________________________.

4) ______________________________.

5) ______________________________.

6) ______________________________.

2. (보기) 와 같이 대화를 완성하십시오.

보기

가 : 동대문시장에 가 보니까 어때요? (가다)

나 : 사람이 많고 복잡해요.

1) **가 :** 한국에서 지하철을 ______________ 어때요? (타다)

나 : ______________________________.

2) **가 :** 한국말을 ______________ 어때요? (배우다)

나 : ______________________________.

3) **가 :** 스마트폰을 ______________ 뭐가 좋아요? (사용하다)

나 : ______________________________.

4) **가 :** 부모님과 같이 살지 않고 혼자 ______________ 어때요? (살다)

나 : ______________________________.

5) **가 :** 한국 음식 중에서 __________ 을/를 __________ 어때요? (먹다)

나 : ______________________________.

6) **가 :** ________ 씨하고 같이 ____________ 어때요? (이야기하다)

나 : ______________________________.

–아/어 보이다

1. 그림을 보고 (보기) 와 같이 문장을 완성하십시오.

보기

A

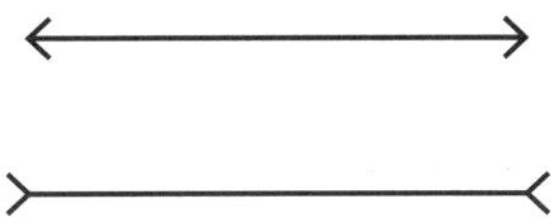

B

A가 B보다 더 짧아 보여요.

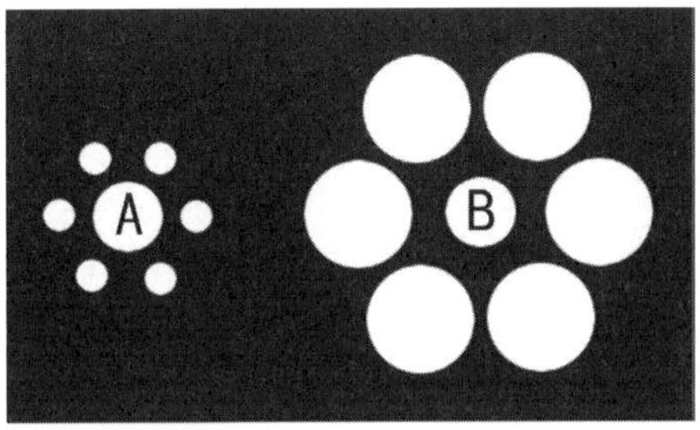

1) A가 B보다 더 ____________________.

2) 줄무늬 옷이 체크무늬 옷보다

더 ____________________.

3) 짧은 머리가 긴 파마머리보다

더 ____________________.

A B

4) 그림이 많아서 A책이 B책보다

더 ____________________.

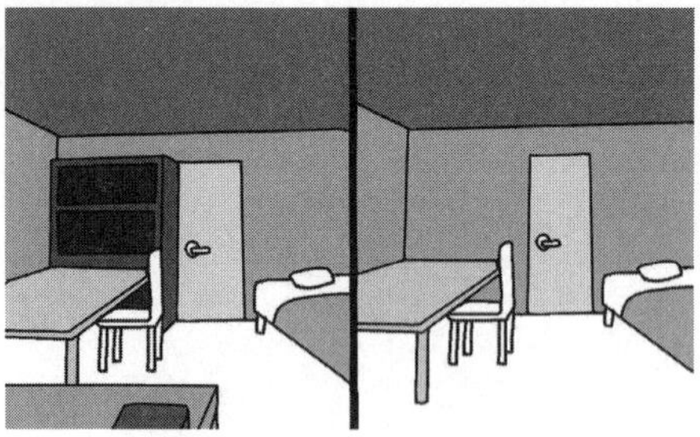

201호 301호

5) 방에 물건이 많아서 201호가 301호보다

더 ______________________.

A B

6) 그릇이 작아서 A가 B보다

더 ______________________.

2. (보기) 와 같이 대화를 완성하십시오.

보기

가 : 압둘라 씨, 오늘 힘들어 보여요.

나 : 네, 어제 이사를 해서 밤늦게까지 청소했어요.

1) **가 :** 수진 씨, 오늘 무슨 일 있어요? 안경을 벗고 화장을 하니까

더 ______________________.

나 : 오늘 저녁에 고등학교 동창 모임이 있어요.

2) **가 :** 카오루 씨, ______________________. 어제 많이 못 잤어요?

나 : 네, 일이 많아서 잠을 못 잤어요.

3) **가 :** 뭘 먹을까요?

나 : 옆에 앉은 사람들이 먹는 것을 보니까 순두부찌개가 ______________________.

우리도 저거 먹어요.

4) **가 :** 마키 씨, ______________________. 무슨 일 있어요?

나 : 지난주에 본 시험에서 1등을 했어요.

5) **가 :** 신발이 ______________________. 어디에서 샀어요?

나 : 학교 앞에 있는 신발 가게에서 샀어요. 정말 편해요. 한번 신어 보세요.

6) **가 :** 장핑 씨, 코트를 벗으세요. ______________________.

나 : 괜찮아요. 곧 나갈 거예요.

7) **가 :** 몸이 안 좋아요? ______________________.

나 : 네, 감기에 걸렸어요.

종합 연습

'-(으)니까'와 '-아/어 보이다'를 사용하여 대화를 완성하십시오.

직원 어서 오세요. 뭘 찾으세요?

윤아 티셔츠를 사려고 하는데요.

직원 이 티셔츠 어떠세요?

윤아 그 티셔츠는 좀 ______________________.

직원 크지 않은데…… 한번 입어 보세요. 보는 것과 달라요.

(티셔츠를 입어 본 후)

윤아 정말 ______________________ 괜찮네요.

직원 너무 잘 어울리세요. 이 바지도 한번 입어 보세요.
색깔이 어두워서 ______________________.

윤아 네.

(바지도 입어 본 후)

직원 어머, 이렇게 ______________________ 정말 예쁘시네요.

윤아 마음에 드네요. 모두 얼마예요?

23과 봉투에 넣어 드릴까요?

어휘

1. (보기) 에서 알맞은 단어를 골라 문장을 완성하십시오.

보기

당황하다　느끼다　정확하다　모으다　적다　따르다

1) 돈을 ______아서/어서 여행갈 거예요.

2) 영화를 본 다음에 ______(으)ㄴ 것을 글로 써 보세요.

3) 여기에 성함과 연락처를 ______아/어 주세요.

4) 택시를 탔는데 지갑이 없어서 너무 ______았어요/었어요.

5) 어렸을 때 어머니를 ______아서/어서 자주 시장에 갔어요.

6) 제 친구는 외국 사람이지만 한국어 발음이 아주 ______아요/어요.

–아/어 드릴까요?

1. 그림을 보고 (보기) 와 같이 문장을 완성하십시오.

보기

가방을 <u>들어 드릴까요</u>?

1) 문을 ______________________?

2) 에어컨을 ______________________?

3) 제 우산을 ______________________?

4) 사진을 ______________________?

5) ______________________________?

6) ______________________________?

2. (보기) 와 같이 대화를 완성하십시오.

보기

가 : 추우면 창문을 닫아 드릴까요 ?

나 : 네, 닫아 주세요. 고마워요.

1) **가 :** ______________________________?

나 : 학생증을 만들려고 하는데요.

2) **가 :** 음식을 가지고 가실 거예요? ________________________?

나 : 아니요, 여기에서 먹고 갈 거예요.

3) **가 :** 어머, 지갑을 안 가지고 왔어요. 오늘 꼭 책을 사야 하는데…….

나 : 그럼 ___________________________?

4) **가 :** 교실에서 와이파이(wi-fi)를 사용할 줄 몰라요.

나 : 제가 잘 알아요. ___________________________?

5) **가 :** 모두 80,000원입니다. ___________________________?

나 : 네, 배달해 주세요.

6) **가 :** ____?

나 : 네, 계산해 주세요. 모두 얼마예요?

처럼

1. (보기) 에서 알맞은 단어를 골라 문장을 완성하십시오.

보기

그림　　가수　　아이　　새　　농구 선수　　집

1) 제 친구는 가수처럼 노래를 잘 불러요.

2) 제 동생은 대학생이지만 가끔 ___________ 귀여워요.

3) 그곳 경치가 ___________ 아름답다고 해요. 꼭 한번 가 보고 싶어요.

4) ___________ 하늘을 날 수 있었으면 좋겠어요.

5) 제 남자 친구는 ___________ 키가 커요.

6) 하숙집 아주머니가 너무 친절하셔서 ___________ 편해요.

2. (보기) 와 같이 대화를 완성하십시오.

보기

가 : 이리나 씨 정말 예쁘지요?

나 : 네, 영화배우처럼 예뻐요.

1) **가 :** ___________ 한국말을 잘하시네요. 한국에 오래 사셨어요?

나 : 네, 한국에 산 지 10년 됐어요.

2) **가 :** 장핑 씨는 돈을 많이 벌고 싶어요?

나 : 네, ___________ 부자가 됐으면 좋겠어요.

3) **가 :** 어떤 사람하고 결혼하고 싶어요?

나 : ____________ 마음이 넓은 남자와 결혼하고 싶어요.

4) **가 :** 마키 씨가 피아노 치는 것을 들어 봤어요?

나 : 네, 아주 잘 쳐요. 저도 ______________________ 피아노를 잘 쳤으면 좋겠어요.

5) **가 :** 다음 주 수요일이 남자 친구 생일이에요. 무슨 선물을 하면 좋을까요?

나 : 직접 만든 ___________ 특별한 선물을 하세요.

6) **가 :** 카오루 씨와 정말 친한 것 같아요.

나 : 네, 친해요. 그래서 우리는 ______________ 서로 잘 알아요.

종합 연습

'–아/어 드릴까요?'와 '처럼'을 사용하여 대화를 완성하십시오.

미용사	어서 오세요.
이리나	머리를 자르려고 하는데요.
미용사	네, 여기 앉으세요. 어떻게 _______________?
이리나	짧게 잘라 주세요.
미용사	여기 사진을 보시고 마음에 드는 머리 모양을 골라 보세요.
이리나	음…… 이게 예쁘네요. _______________ 귀엽게 잘라 주세요.
미용사	네, 알겠습니다. 그런데 손님 얼굴이 정말 하야시네요. _______________ 얼굴이 하얀 분은 까만색 머리보다 갈색이 잘 어울리는데…… 염색도 _______________?
이리나	네, 염색도 해 주세요.

(끝난 후에 계산대에서)

이리나 얼마예요?

미용사 모두 90,000원입니다. 저희 미용실 카드 있으세요?

이리나 아니요, 없는데요.

미용사 하나 ________________________?

포인트를 모아서 나중에 ______________ 쓰실 수 있어요.

이리나 그래요? 그럼 만들어 주세요.

24과 인터넷에서 이 옷을 샀는데 어때요?

어휘

1. (보기) 에서 알맞은 단어를 골라 문장을 완성하십시오.

보기

결과　　종류　　배송　　생활용품　　내용

1) 오늘 시험 ________이/가 나오는 날이에요. 너무 떨려요.

2) 요즘은 인터넷 쇼핑몰도 ________이/가 빨라서 물건을 사면 며칠 안에 받을 수 있어요.

3) 집들이에 갈 때는 비누, 휴지, 세제 등 집에서 꼭 필요한 ________을/를 선물하세요.

4) 전통 수산 시장에 가면 여러 ________의 생선들을 구경할 수 있어요.

5) 단어가 너무 어려워서 책의 ________을/를 잘 이해하지 못했어요.

2. (보기) 에서 알맞은 단어를 골라 문장을 완성하십시오.

보기

소중하다　　끌다　　튼튼하다　　느리다

1) 제게 제일 ________(으)ㄴ 물건은 결혼반지예요. 잊어버리면 안 돼요.

2) 가방이 가볍고 ________아서/어서 오래 쓸 수 있을 것 같아요.

3) 이 가방은 바퀴가 있어서 ________(으)ㄹ 수 있어요.

4) 인터넷 속도가 너무 ________아서/어서 이메일을 보내지 못했어요.

–는데/(으)ㄴ데²

1. 관계있는 것을 연결하고 문장을 완성하십시오.

1) 학교 앞 커피숍에 자주 가다 ●	● 모두 친절하고 열심히 공부해요.
2) 우리 반에는 남학생들이 많다 ●	● 조용하고 가게가 예뻐요.
3) 도서관에서 공부하고 있다 ●	● 친구한테 전화가 왔어요.
4) 아침에 일기 예보를 들었다 ●	● 쌀로 만들어요.
5) 막걸리는 한국 술이다 ●	● 아주 시원하고 맛있어요.
6) 한국 사람들은 여름에 냉면을 많이 먹다 ●	● 오후부터 비가 올 거라고 했어요.

1) 학교 앞 커피숍에 자주 가는데 조용하고 가게가 예뻐요 .

2) ______________________.

3) ______________________.

4) ______________________.

5) ______________________.

6) ______________________.

2. (보기) 와 같이 대화를 완성하십시오.

보기

가 : 보통 어디에서 과일을 사요?

나 : 저는 집 근처 시장에서 사는데 과일이 크고 좋아요 .

1) **가 :** 가족사진이네요. 이분은 누구세요?

나 : 이분은 ______________________.

2) **가 :** ________ 씨 고향은 어떤 곳이에요?

나 : 제 고향은 ________________________________.

3) **가 :** 왜 이사를 하려고 해요?

나 : 지금 기숙사에 ________________________________.

4) **가 :** 어제 생일 파티 때 무슨 일이 있었어요?

나 : 모르겠어요. 어제 술을 많이 ________________________.

5) **가 :** 한 시 기차표하고 세 시 기차표가 ____________________.

나 : 잘했어요. 천천히 밥을 먹고 두 시 반쯤 출발해요.

6) **가 :** ________ 씨, 오래간만이에요. 요즘 어떻게 지내요?

나 : 요즘 국민대학교에서 한국어를 ____________________.

밖에

1. 보기 에서 알맞은 단어를 골라 문장을 완성하십시오.

보기

걸리다 되다 마시다 자다 가다 있다

1) 어제 두 시간밖에 못 잤어요. 그래서 지금 너무 피곤해요.

2) 집에서 학교까지 아주 가까워요. 걸어서 5분________________.

3) 한국에 온 지 1주일________________. 그래서 아직 한국 생활에 익숙하지 않아요.

4) 그 식당에 한 번________________.

5) 아침에 늦게 일어나서 우유______________________________.

6) 저는 한국 친구가 한 명__________________. 한국 친구를 좀 더 많이 사귀고 싶어요.

2. (보기) 와 같이 대화를 완성하십시오.

보기

가 : 술을 잘 마셔요?

나 : 아니요, 맥주 한 병밖에 못 마셔요.

1) **가 :** 시험공부 많이 했어요?

나 : 아니요, 조금__________________________.

2) **가 :** 영화 시작 시간이 얼마나 남았어요?

나 : 5분_______________________. 빨리 마시고 들어갑시다.

3) **가 :** 집에 먹을 게 뭐 있어요?

나 : 라면___________________________.

4) **가 :** 그 남자를 만나 보니까 어때요?

나 : 아직 두 번________________지만 좋은 사람인 것 같아요.

5) **가 :** 미안하지만 돈 좀 빌려 줄 수 있어요?

나 : 어떻게 하지요? 저도 만 원__________________________.

6) **가 :** 그 사람을 잘 알아요?

나 : 아니요, 저도 이름____________________________.

종합 연습

'-는데/(으)ㄴ데'와 '밖에'를 사용하여 대화를 완성하십시오.

직원　어서 오세요. 뭘 도와 드릴까요?

손님　안녕하세요? 이 가게에서 가방을 ________ 지퍼가 고장이 났어요.

직원　언제 사셨어요?

손님　산 지 3일____________________.

직원　영수증 있으세요?

손님　여기 있어요.

직원　죄송합니다. 다른 것으로 바꿔 드릴까요?

손님　네, 그렇게 해 주세요.

직원　그럼 잠시만 기다려 주세요.

(잠시 후에)

직원　손님, 죄송하지만 지금 이 가방은 까만색____________________.

손님　그래요? 저는 갈색이 ____________ 갈색 가방은 언제 들어와요?

직원　5일쯤 걸립니다.

손님　그럼 택배로 받을 수 있어요?

직원　그럼요. 여기에 주소와 연락처를 적어 주세요.
물건이 도착하면 바로 보내 드리겠습니다.

손님　네, 감사합니다. 안녕히 계세요.

직원　안녕히 가세요.

25과 책을 빌리려면 어떻게 해야 하나요?

어휘

1. 관계있는 것을 연결하고 쓰십시오.

1) 소식 ●	● 뽑다
2) 번호표 ●	● 하다
3) 접수 ●	● 들다
4) 짐 ●	● 듣다
5) 보험 ●	● 싸다

1) ______________________.

2) ______________________.

3) ______________________.

4) ______________________.

5) ______________________.

2. 위의 1번에서 연결한 단어를 골라 문장을 완성하십시오.

1) 은행에 가면 먼저 ______________(으)ㄴ 다음에 순서를 기다리세요.

2) 내일 이사해서 지금 ______________고 있어요.

3) 슬픈 ______________고 눈물이 났어요.

4) 병원에 가면 먼저 ______________고 이름을 부르면 진료실로 들어가요.

5) 병원비가 비쌌지만 ______________아서/어서 돈을 다시 받을 수 있었어요.

-나요/(으)ㄴ가요?

1. 맞는 것을 고르십시오.

1) **가 :** 어서 오세요. 뭘 드릴까요?
   나 : 이 식당은 뭐가 (㉠맛있나요, ㉡맛있은가요)?

2) **가 :** 언제 고향에 (㉠갔나요, ㉡갈 건가요)?
   나 : 다음 주에 갈 거예요.

3) **가 :** 방이 (㉠깨끗하나요, ㉡깨끗한가요)?
   나 : 네, 아주 깨끗해요.

4) **가 :** 한국어교육센터 사무실이 (㉠어디였나요, ㉡어디인가요)?
   나 : 2층으로 올라가세요.

5) **가 :** 오래 기다려야 (㉠하나요, ㉡한가요)?
   나 : 손님이 많아서 한 시간쯤 기다리셔야 합니다.

6) **가 :** 언제 한국에 (㉠왔나요, ㉡오나요)?
   나 : 한국에 온 지 반 년 됐어요.

7) **가 :** 얼마 동안 책을 빌릴 수 (㉠있나요, ㉡있은가요)?
   나 : 2주일 동안 빌릴 수 있습니다.

2. (보기) 와 같이 대화를 완성하십시오.

보기

가 : 여기에서 명동까지 얼마나 걸리나요 ?

나 : 30분쯤 걸려요.

1) 가 : 제주공항에서 서울로 가는 마지막 비행기가 몇 시에 __________?

나 : 21시 25분에 출발합니다.

2) 가 : 이 식당은 휴일에도 문을 __________?

나 : 일요일과 공휴일에는 문을 열지 않습니다.

3) 가 : 이 소포를 어디로 __________?

나 : 미국으로 보낼 거예요.

4) 가 : 어서 오세요. 저희 집에 처음 오시지요? ____________________?

나 : 네, 조금 전에 먹었어요.

5) 가 : 머리를 자르려고 하는데요. 언제 사람이 __________?

나 : 오전에 사람이 적으니까 그때 오세요.

6) 가 : 성인 12장, 어린이 8장 주세요. 입장료가 모두 __________?

나 : 모두 112,000원입니다.

7) 가 : KM 호텔이지요? 다음 주 토요일에 방이 __________?

나 : 죄송하지만 그날은 예약이 모두 끝났습니다.

-고 나서

1. 관계있는 것을 연결하고 문장을 완성하십시오.

1) 운동하다 ●	● 쓰세요.
2) 부모님과 전화하다 ●	● 울었어요.
3) 문법 설명을 듣다 ●	● 날씬해졌어요.
4) 여자 친구를 사귀다 ●	● 다시 올게요.
5) 생각해 보다 ●	● 더 멋있어졌어요.
6) 책을 다 읽다 ●	● 친구한테도 빌려 줬어요.

1) 운동하고 나서 날씬해졌어요.

2) ______________________.

3) ______________________.

4) ______________________.

5) ______________________.

6) ______________________.

2. (보기) 와 같이 대화를 완성하십시오.

보기

가 : 졸업 시험을 본 다음에 뭐 할 거예요?

나 : 졸업 시험을 보고 나서 여행갈 거예요.

1) 가 : 언제 이 약을 먹어야 돼요?

나 : ______________ 30분 후에 드세요.

2) **가 :** 이 집을 계약하시겠습니까?

나 : 친구하고 같이 살 거니까 친구에게 ______________ 결정하겠습니다.

3) **가 :** 한국 가수 중에서 누구를 좋아해요?

나 : 가수 'K'요. 노래를 ____________________ 그 가수가 좋아졌어요.

4) **가 :** 김치를 작게 썰어서 넣었어요. 그다음에 무엇을 해요?

나 : ________________________________ 밥과 같이 잘 볶으세요.

5) **가 :** 숙제를 한 후에 뭐 할 거예요?

나 : ____.

6) **가 :** 수업이 끝난 후에 뭐 할 거예요?

나 : ____.

종합 연습

'-나요/(으)ㄴ가요?'와 '-고 나서'를 사용하여 대화를 완성하십시오.

은행 안내원	안녕하십니까? 어떻게 오셨습니까?
압둘라	통장을 만들려고 하는데요.
은행 안내원	번호표를 뽑으셨습니까?
압둘라	아니요. 어디에서 번호표를 ____________________?
은행 안내원	저기 있습니다. 번호표를 ___________ 잠시만 기다려 주세요.
압둘라	네, 알겠습니다.

은행 직원	112번 손님!
압둘라	네.
은행 직원	뭘 도와 드릴까요?
압둘라	통장을 만들려고 하는데요.
은행 직원	그럼 먼저 이 신청서를 ___________ 이름 옆에 서명해 주세요.
압둘라	네, 알겠습니다. 이름을 한글로 ___________? 영어로 ___________?
은행 직원	영어로 써 주세요. 그리고 신분증 좀 보여 주세요.
압둘라	여기 있습니다.
은행 직원	네, 잠시만 기다려 주십시오.
압둘라	네.
은행 직원	여기 통장 나왔습니다. 더 하실 일이 있으십니까?
압둘라	아니요, 없습니다. 그런데 은행 문을 몇 시에 ___________?
은행 직원	4시에 닫습니다.
압둘라	네, 알겠습니다. 감사합니다.
은행 직원	네, 감사합니다. 안녕히 가세요.

26과 자전거를 빌려 올 테니까 잠깐만 기다리세요

어휘

1. 보기 에서 알맞은 단어를 골라 문장을 완성하십시오.

보기

기대하다　　실수하다　　긴장하다　　알아보다　　나누다

1) 저는 시험 전에 ______________아서/어서 항상 배가 아파요.

2) 영화를 보기 전에 정말 ___________았는데/었는데 생각보다 재미없었어요.

3) 방학에 제주도로 여행을 가려고 항공편을 ___________고 있어요.

4) 혼자 하지 않고 두 사람이 ________아서/어서 하면 일을 더 빨리 끝낼 수 있어요.

5) 너무 빨리 답을 쓰면 아는 것도 __________(으)니까 천천히 시험을 보세요.

-아서/어서 그런지

1. 보기 에서 알맞은 단어를 골라 문장을 완성하십시오.

보기

시험 때 긴장하다　　날씨가 좋다　　눈이 많이 오다

성격이 좋다　　점심을 늦게 먹다　　세일이다

1) 날씨가 좋아서 그런지 공원에 사람이 많네요.

2) ________________________________ 배가 안 고파요.

3) ______________________ 백화점에 사람이 많아요.

4) 우리 반 장핑 씨는 ________________ 친구가 많아요.

5) ________________ 길에 차가 별로 없네요.

6) ________________ 시험을 잘 못 봤어요.

2. (보기) 와 같이 대화를 완성하십시오.

보기

가 : 어제 잠을 못 자서 그런지 힘드네요.

나 : 그럼 일찍 집에 가서 좀 쉬세요.

1) **가 :** ______ 씨 오늘 학교에 왔어요?

나 : 아니요, 안 왔어요. ________________ 자주 학교에 안 와요.

2) **가 :** ________________ 아침밥이 정말 맛있네요.

나 : 저도요. 앞으로 우리 날마다 운동해요.

3) **가 :** ________________ 영화관에 사람이 많네요.

나 : 네, 너무 복잡해요. 다음에는 평일에 보러 와요.

4) **가 :** ________________ 잠이 안 와요.

나 : 그러니까 낮에 커피를 많이 마시지 마세요.

5) **가 :** ______ 씨는 ________________ 한국말을 잘해요.

나 : 맞아요. 저도 ______ 씨가 부러워요.

6) **가 :** 아이가 10살인데 벌써 안경을 써요?

나 : 네. 어렸을 때부터 ________________ 일찍 눈이 나빠졌어요.

–(으)ㄹ 테니까[2]

1. 관계있는 것을 연결하고 문장을 완성하십시오.

1) 다시 한 번 읽겠어요. ●	● 주소를 가르쳐 주세요.
2) 제가 음식을 만들겠어요. ●	● 같이 영화 보러 갑시다.
3) 제가 영화표를 예매하겠어요. ●	● 카오루 씨는 설거지를 하세요.
4) 사무실에서 기다리겠어요. ●	● 거기로 오세요.
5) 택배로 보내 드리겠어요. ●	● 잘 들으세요.

1) 다시 한 번 읽을 테니까 잘 들으세요.

2) ______________________________.

3) ______________________________.

4) ______________________________.

5) ______________________________.

2. 보기 와 같이 대화를 완성하십시오.

보기

가 : 오늘은 나가지 말고 청소를 할까요?

나 : 네, 제가 화장실 청소를 할 테니까 ________ 씨는 방을 청소하세요.

1) 가 : 같이 불고기를 만듭시다. 저는 무엇을 할까요?

나 : 제가 ______________ ________ 씨는 고기를 잘라 주세요.

2) 가 : 우리 여행 준비를 해야 하는데…… 제가 호텔을 알아볼까요?

나 : 제가 ______________ ________ 씨는 맛있는 식당을 찾아보세요.

3) **가 :** 제가 ______________________ 같이 저녁을 먹읍시다.

나 : 좋아요. 그럼 저는 차를 살게요.

4) **가 :** 집들이를 해야 하는데…… 제가 요리를 잘 못해서 걱정이에요.

나 : 제가 ______________________ 같이 준비합시다.

5) **가 :** 오늘까지 이 일을 끝내야 하는데 너무 피곤하네요.

나 : 그 일은 제가 ______________________ 좀 쉬세요.

종합 연습

'-아서/어서 그런지'와 '-(으)ㄹ 테니까'를 사용하여 대화를 완성하십시오.

제프리 우리 이번 방학에 제주도에 갈까요?

카오루 좋아요. 그럼 무엇을 준비해야 해요?

제프리 비행기 표와 호텔을 알아봐야 해요.
제가 비행기 표를 ____________________________________.

카오루 알겠어요. 그럼 제가 호텔을 알아볼게요. 알아보고 나서 내일 다시 만나요.

(다음 날)

카오루 제프리 씨, 비행기 표를 알아봤어요?

제프리 네. 그런데 _____________ 비행기 표가 좀 비싸네요. 호텔은요?

카오루 ________________________ 호텔은 많네요.

제프리 비행기 표가 좀 비싸지만 가고 싶은데……, 예약할까요?

카오루 좋아요. 저도 꼭 가고 싶어요.
그럼 제가 호텔을 ____________________________________.

제프리 네, 그럼 저는 비행기 표를 예약할게요.

27과 세종대왕을 기념하기 위해서 만들었어요

어휘

1. 보기 에서 알맞은 단어를 골라 문장을 완성하십시오.

보기

공연 쌓다 끼다 기념하다 노약자 장학금 경험 답장하다

1) 제가 보낸 이메일에 꼭 ________아/어 주세요.

2) 남자 친구한테서 받은 반지를 ________았어요/었어요.

3) 크리스마스 때 좋아하는 가수의 ________을/를 보려고 해요.

4) 한국에 사는 동안 여러 가지 ________을/를 많이 ________(으)세요.

5) 제 친구는 대학교 4년 내내 ________을/를 받아서 학비가 거의 안 들었어요.

6) 버스에서 나이가 많거나 몸이 약한 ________이/가 앉는 자리에는 앉지 마세요.

7) 이 모임을 ________기 위해서 사진을 찍었어요.

-는/(으)ㄴ 줄 알다

1. 맞는 것을 고르십시오.

1) **가 :** 같이 밥을 먹으려고 기다렸는데 왜 식당에 혼자 갔어요?

나 : 아, 미안해요. 밥을 (㉠먹은, ㉡먹을) 줄 알았어요.

2) **가 :** 저는 투이 씨가 기숙사에 (㉠사는, ㉡살는) 줄 알았어요.

나 : 아니에요. 학교 근처 원룸으로 이사했어요.

3) **가 :** 왜 이렇게 음식을 많이 준비했어요?

나 : 손님이 많이 (㉠온, ㉡올) 줄 알았어요.

4) **가 :** 왜 카오루 씨를 초대하지 않았어요?

나 : 지금 한국에 있어요? 고향에 (㉠돌아간, ㉡돌아갈) 줄 알았어요.

5) **가 :** 이것은 제 우산이에요.

나 : 아, 죄송합니다. 색깔이 비슷해서 제 (㉠우산인, ㉡우산일) 줄 알았어요.

6) **가 :** 미라 씨가 한국말을 몰라서 (㉠한국 사람인, ㉡한국 사람이 아닌) 줄 알았어요.

나 : 일본에서 살았지만 한국 사람이에요.

7) **가 :** 저는 러시아 겨울이 아주 (㉠추운, ㉡춥은) 줄 알았어요.

나 : 그렇지 않아요. 모스크바는 한국하고 비슷해요.

2. (보기) 와 같이 대화를 완성하십시오.

보기

가 : 왜 숙제를 안 했어요?

나 : 죄송해요. 선생님. 숙제가 없는 줄 알았어요 .

1) **가 :** ________ 씨, 수업 시간에 게임을 하지 마세요.

나 : 아니에요, 선생님. 단어를 찾았어요.

가 : 그래요? 미안해요. ____________________.

2) **가 :** 왜 우산을 가지고 왔어요?

나 : 아침에 집에서 나올 때 날씨가 흐려서 ____________________.

3) **가 :** 빵이 맛있어요. 어디에서 샀어요?

나 : 사지 않고 제가 집에서 만들었어요.

가 : 그래요? ______________________.

4) **가 :** 저는 냉면이 모두 ______________________.

나 : 그렇지 않아요. 비빔냉면은 맵지만 물냉면은 안 매워요.

5) **가 :** 이거 받으세요. 고향에서 사 온 과자예요.

나 : 고향에 다녀왔어요? 저는 ________ 씨가 며칠 동안 학교에 오지 않아서

________________________________.

6) **가 :** ________ 씨는 중국 사람인데 한국말을 정말 잘하지요?

나 : 네. 그래서 저도 처음에 ________ 씨가 ______________________.

–기 위해서

1. 관계있는 것을 연결하고 문장을 완성하십시오.

1) 어렸을 때 헤어진 어머니를 만나다 ●	● 매일 운동하고 있어요.
2) 날씬해지다 ●	● 회사에 취직했습니다.
3) 돈을 벌다 ●	● 한국에 왔습니다.
4) 병이 빨리 낫다 ●	● 약을 먹어야 합니다.
5) 어려운 사람들을 돕다 ●	● 학생들이 조금씩 돈을 모았어요.

1) 어렸을 때 헤어진 어머니를 만나기 위해서 한국에 왔습니다.

2) ____.

3) ____.

4) ____.

5) ____.

2. (보기) 와 같이 대화를 완성하십시오.

보기

가 : 왜 한국에 왔습니까?

나 : 대학교에 입학하기 위해서 한국에 왔습니다.

1) 가 : 왜 노래하고 춤을 배우러 다녀요?

나 : ____________________ 노래와 춤을 배우러 다녀요.

2) 가 : 왜 돈을 모으고 있어요?

나 : ____________________ 돈을 모으고 있어요.

3) 가 : 왜 미국에 가려고 해요?

나 : ____________________ 미국에 가려고 해요.

4) 가 : 무엇을(누구를) 위해서 열심히 공부해요?

나 : ____________________ 열심히 공부해요.

5) 가 : 밸런타인데이(Valentine Day)에 사람들은 무엇을 해요?

나 : ____________________ 선물을 준비해요.

6) 가 : 담배를 끊었어요?

나 : 네. ____________________ 담배를 끊었어요.

종합 연습

'-는/(으)ㄴ 줄 알다'와 '-기 위해서'를 사용하여 대화를 완성하십시오.

알렉세이 바트 씨는 왜 한국에 왔어요?

바트 저는 ______________________________ 한국에 왔어요.

알렉세이 씨는요?

알렉세이 저는 ______________________________ 한국에 왔어요.

바트 그래요? 한국 문화를 좋아하세요?

알렉세이 네. 고향에서 한국 드라마와 영화를 본 후에 한국 문화에 관심이 생겼어요. 그래서 한국 문화를 알고 싶어졌어요.

바트 저도 한국에 오기 전에는 고향 문화하고 한국 문화가 ____________ ______________. 그런데 살아 보니까 두 나라의 문화가 아주 다르고 재미있는 일도 많아요. 또 한국 사람들도 ___________________지만 만나 보니까 친절하고 따뜻해요.

알렉세이 맞아요. 한국에서 공부하면서 한국이 더 좋아졌어요.

앞으로 _______________________ 더 열심히 공부할 거예요.

28과 저는 아무거나 괜찮아요

어휘

1. 그림에 알맞은 단어를 연결하고 문장을 쓰십시오.

1)		벽	반찬	덜다
2)		개인 접시	생선	걸다
3)		냉동실	액자	넣다
4)		꽃병	뜨거운 음식	담다
5)		유리 그릇	꽃	꽂다

1) 개인 접시에다가 반찬을 덜었어요.

2) ______________________.

3) ______________________.

4) ______________________.

5) ______________________.

아무 ~(이)나

1. 보기 에서 알맞은 단어를 골라 문장을 완성하십시오.

보기

아무거나　　아무 때나　　아무 데나　　아무나

1) 여기에 있는 버스는 다 국민대학교에 가니까 ___아무거나___ 타도 돼요.

2) 시간이 없으니까 오래 생각하지 말고 ______________ 삽시다.

3) 오래 걸어서 힘드네요. ______________ 들어가서 좀 쉽시다.

4) 다른 사람 집에 ______________ 전화하면 안 돼요.

5) 학생! 들어가면 안 돼요. 여기는 ______________ 들어갈 수 없어요.

6) 배가 아프면 ______________ 먹지 말고 우선 병원에 가세요.

2. 보기 와 같이 대화를 완성하십시오.

보기

가 : 배가 고프니까 밥부터 먹읍시다. 뭐 드시겠어요?

나 : ___저는 아무거나 좋아요___.

1) **가 :** 선생님, 제가 할 말이 있는데 언제 시간이 괜찮으세요?

나 : 오후에는 수업이 없으니까 ____________________.

2) **가 :** 침대가 두 개 있는데 어느 침대를 쓰시겠어요?

나 : ____________________.

3) **가 :** 집들이 날짜를 언제로 할까요?

나 : ____.

4) **가 :** 사람들이 많이 안 와서 자리가 많네요. 어디에 앉을까요?

나 : ____.

5) **가 :** 내일 파티에 무슨 옷을 입고 가야 해요?

나 : 모두 편하게 입고 올 거예요. 그러니까 ____________________.

6) **가 :** 여러분, 제 질문에 ____________________ 대답해 보세요.

나 : 선생님, 제가 대답할게요.

에다가

1. (보기) 에서 알맞은 단어를 골라 문장을 완성하십시오.

보기
책꽂이 　 ~~책~~ 　 손바닥 　 창문 근처 　 책상 위 　 쓰레기통

1) __책에다가__ 이름을 꼭 쓰세요.

2) 햇빛이 잘 들어오는 ____________________ 꽃병을 놓으세요.

3) 시험시간에는 ________________ 책을 올려놓으면 안 돼요.

4) 쓰레기를 아무 데나 버리지 말고 ________________ 버리세요.

5) 쓸 종이가 없으니까 우선 ________________ 쓰세요.

6) 다 읽은 책은 여기에다가 놓지 말고 ________________ 꽂아 주세요.

2. (보기) 와 같이 대화를 완성하십시오.

보기

가 : 이 옷을 어디에 걸까요?

나 : 저쪽에 있는 옷걸이에다가 거세요.

1) **가 :** 오늘 제가 가방을 안 가지고 왔어요.
미안하지만 제 책 좀 ______________________________?
나 : 알겠어요. 저한테 주세요.

2) **가 :** 배가 별로 안 고픈데 밥이 너무 많아요.
나 : 그럼 ______________________________________.

3) **가 :** ____?
나 : 아니요. 저는 단 커피를 싫어해요.

4) **가 :** 왜 집에 다시 가요?
나 : ____________________을/를 놓고 나왔어요.

5) **가 :** 왜 ____?
나 : 꽃병에 동전을 넣으면 꽃이 오래 살 수 있다고 해요.

6) **가 :** 이 광고를 어디에 붙일까요?
나 : 학교 사무실 앞에 있는 _________________________.

종합 연습

'아무 ~(이)나'와 '에다가'를 사용하여 대화를 완성하십시오.

아내 새 집으로 이사 오니까 기분이 좋네요.

남편 저도요. 컴퓨터는 어느 방에 놓을까요?

아내 음…… ______________________.

남편 네. 이 화분들은 어디에 놓을까요?

아내 큰 것은 ____________고 작은 것은 ____________.

남편 알겠어요. 이 시계는 어디에다가 걸까요?

아내 휴…… 글쎄요. 그건 좀 더 생각해 봐요. 우선 아무 데나 놓으세요.

남편 그럼 우선 ______________________.
어, 그런데 점심시간이네요. 밥을 먹고 할까요?

아내 벌써 배가 고파요?

남편 네. 우리 뭐 먹을까요?

아내 휴…… 그냥 ______________________.

남편 그럼 제가 먹고 싶은 것으로 시킬게요. 괜찮지요?

아내 네, 그렇게 하세요.

29과 저도 작년에 본 적이 있어요

어휘

1. 보기 에서 알맞은 단어를 골라 대화를 완성하십시오.

보기

품질　　수술　　교통사고　　국립　　해외여행

1) **가 :** 평일 점심에도 차가 많이 밀리네요.

나 : 앞에서 ______________이/가 난 것 같아요. 저기 구급차도 왔어요.

2) **가 :** 왕쯔이 씨, 내일 고향에 간다고 들었어요.

나 : 네, 할아버지가 병원에서 큰 ______________을/를 받으셔야 해서 갑자기 가게 되었어요.

3) **가 :** 마키 씨는 항상 같은 가방만 쓰는 것 같아요.

나 : 맞아요. 저는 이 가방을 10년째 사용하고 있어요. 가볍고 ____________도 아주 좋아서 오래 썼는데 튼튼해요.

4) **가 :** 우리 대학교는 ____________ 대학교예요. 나라에서 만들었기 때문에 학비가 싸요.

나 : 그렇군요. 좋겠어요.

5) **가 :** 이번 연휴 때 ______________을/를 하는 사람들이 많아서 공항에서 사람들이 오래 기다렸다고 해요.

나 : 저도 이번에 다른 나라로 여행가고 싶었는데 비행기 표가 너무 비싸서 못 갔어요.

–(으)ㄴ 적이 있다/없다

1. 맞는 것을 고르십시오.

1) 한국에서 여행해 (㉠본, ㉡보는) 적이 있어요?

2) 불쌍한 사람을 (㉠돕은, ㉡도운) 적이 있어요.

3) 한국 옛날 노래를 (㉠듣은, ㉡들은) 적이 없어요.

4) 어렸을 때 다른 나라에서 (㉠산, ㉡살은) 적이 있어요?

5) 김치찌개를 (㉠만든, ㉡만들는) 적이 없어요.

6) 그 소설을 (㉠읽는, ㉡읽은) 적이 있어요.

2. 보기 에서 알맞은 단어를 골라 문장을 완성하십시오.

보기
배우다 운전하다 아르바이트하다 사진을 찍다 타다

1) 저는 서울에서 운전한 적이 있어요. 그런데 서울에는 차도 많고 복잡해서 운전하기가 아주 힘들었어요.

2) 저는 지금까지 한 번도 ______________ 없어요. 방학 때 커피숍이나 식당에서 일해 보고 싶어요. 좋은 경험이 될 것 같아요.

3) 유명한 사람과 ______________ 있어요. 중학생 때 좋아하는 가수하고 찍은 사진을 지금도 가지고 있어요.

4) 옛날에 일본어를 ______________. 한국에 오기 전에 1달 정도 공부했는데 아주 어려웠어요.

5) 작년에 친구랑 처음 스키장에 갔는데 스키 타는 게 너무 무서워 보여서 안 탔어요. 그래서 스키를 ______________.

3. (보기) 와 같이 대화를 완성하십시오.

보기

가 : 해외여행을 해 본 적이 있어요?

나 : 네, 유럽에 가 본 적이 있어요.

1) 가 : 한강공원에서 자전거를 타 봤어요?

나 : ______________________________.

2) 가 : ______________________________?

나 : 아니요, 읽은 적이 없어요.

3) 가 : 어렸을 때 외국에서 살았어요?

나 : ______________________________.

4) 가 : 한국 전통 음악을 들어 봤어요?

나 : ______________________________.

5) 가 : ______________________________?

나 : 네, 해 본 적이 있습니다.

에 비해서

1. 관계있는 것을 연결하고 문장을 완성하십시오.

1) 품질 ●	● 젊어 보여요.
2) 가격 ●	● 값이 너무 비싸요.
3) 나이 ●	● 발이 커요.
4) 학생 수 ●	● 품질이 좋아요.
5) 키 ●	● 기숙사 방이 좁아요.

1) 품질에 비해서 값이 너무 비싸요.

2) ________________________________.

3) ________________________________.

4) ________________________________.

5) ________________________________.

2. (보기) 와 같이 대화를 완성하십시오.

보기

가 : 어제 남대문시장에 갔다 왔지요? 어땠어요?

나 : 동대문시장에 비해서 젊은 사람은 많지 않았지만 재미있었어요.

1) **가 :** 2급에서 공부해 보니까 어때요? (1급)

나 : ________________________________.

2) **가 :** 윤아 씨 동생은 윤아 씨하고 많이 닮았어요?

나 : ________________________________.

3) **가 :** 한국의 겨울 날씨는 어때요?

나 : ________________________________.

4) **가 :** 학생 식당 음식은 맛있어요?

나 : ________________________________.

5) **가 :** 지난주에 명동에 갔지요? 어땠어요?

나 : ________________________________.

종합 연습

'-(으)ㄴ 적이 있다/없다'와 '에 비해서'를 사용하여 대화를 완성하십시오.

1.

이리나	카오루 씨, 주말 즐겁게 보내셨어요?
카오루	네, 저는 부산에 여행을 갔다 왔어요.
이리나	그래요? 저도 ____________ 있어요. 부산 날씨는 어땠어요?
카오루	________________ 따뜻했어요.
이리나	부산에서 뭐 하셨어요?
카오루	바닷가에서 산책하고 회도 먹었어요.
이리나	재미있게 지내셨네요.
카오루	네, 다음에 또 가고 싶어요.

2.

투이	저는 어제 대학로에 가서 베트남 음식을 먹고 왔어요.
세르게이	고향 음식을 먹으니까 좋았어요?
투이	네……. 그런데 어제 먹은 음식은 진짜 고향 음식이 아니었어요. ________________ 더 싱겁고, 맛도 별로 없었어요.
세르게이	물론이지요. 베트남에서 먹는 음식이 진짜 고향 음식이니까요.
투이	세르게이 씨도 ________________?
세르게이	네, 동대문 시장 근처에 러시아 식당이 있어서 한번 가 봤어요. 그런데 ____________ 음식 값이 너무 비쌌어요.
투이	그렇죠? 저도 어제 고향 음식 먹고 나서 후회했어요.
세르게이	방학 때 베트남에 가면 어머니가 만들어 주시는 음식을 많이 드세요.
투이	네. 세르게이 씨도요.

30과 이번 주말에 사러 가야겠어요

어휘

1. (보기) 에서 알맞은 단어를 골라 대화를 완성하십시오.

보기

푹　　마중　　시합　　안색　　규칙적

1) **가 :** 감기에 걸려서 학교에 못 갈 것 같아요.

   나 : ____________ 이/가 안 좋아요. 약을 먹고 ____________ 쉬세요.

2) **가 :** 저는 매일 아침 6시에 일어나고 밤 10시에 자요.

   나 : ____________ 인 생활을 하시네요.

3) **가 :** 토요일에 같이 쇼핑할래요?

   나 : 그때 친구랑 야구장에 가기로 했어요. 야구 ________ 이/가 있거든요.

4) **가 :** 투이 씨, 어제 학교에 왜 안 왔어요?

   나 : 선생님, 죄송해요. 고향에서 친구가 와서 공항에 ________ 하러 갔어요.

2. (보기) 에서 알맞은 단어를 골라 문장을 완성하십시오.

보기

세우다　　상담하다　　혼나다　　지저분하다

1) 여행을 가고 싶으면 어디로 갈지, 무엇을 할지 계획을 ____________아야/어야 합니다.

2) 요즘 고향에 계신 부모님께 전화를 자주 못 했습니다. 너무 바빠서 연락할 시간이 없었습니다. 부모님이 매우 걱정하실 것 같습니다. 오늘 전화하면 아마 부모님한테 ____________(으)ㄹ 겁니다.

3) 장핑 씨는 한국어를 공부한 후에 한국 대학에 입학하려고 합니다. 입학할 때 필요한 것이 무엇인지 알고 싶어서 오늘 학교 사무실에 갔습니다. 선생님은 친절하게 여러 가지를 알려 주셨습니다. 선생님과 __________(으)니까 마음이 가벼워졌습니다.

4 오늘 친구가 우리 집에 놀러 올 겁니다. 그런데 시험 준비 때문에 바빠서 청소를 못 했습니다. 방이 아주 ____________. 수업이 끝나면 빨리 집에 가서 대청소를 해야겠습니다.

–기로 하다

1. (보기) 에서 알맞은 단어를 골라 문장을 완성하십시오.

보기
만나다× 걷다 끊다 취소하다 결혼하다 믿다

1) 오늘 너무 바빠서 친구와 만나지 않기로 했어요.

2) 건강이 나빠져서 담배를 ____________ 했어요.

3) 그 사람이 또 거짓말을 했어요. 앞으로는 그 사람의 말을 ____________ 했어요.

4) 우리는 사귄 지 5년 됐어요. 다음 달에 ____________ 약속했어요.

5) 시험이 있어서 여행 계획을 ____________.

6) 건강을 위해서 매일 30분씩 ____________.

2. 다음과 같이 대화를 완성하십시오.

1) **가 :** 저녁에 같이 영화 볼까요?

나 : 미안해요. 친구와 같이 숙제를 하기로 했어요 .

2) **가 :** 시험이 끝난 다음에 뭐 할 거예요?

나 : 반 친구들과 ________________________________.

3) **가 :** 한국에 올 때 부모님과 무슨 약속을 했어요?

나 : 매일 아침 식사를 ________________________________.

4) **가 :** 학생들이 늦게 와서 선생님이 화가 나신 것 같아요.

나 : 네. 그래서 내일부터 우리 모두 ________________________.

5) **가 :** 밥을 왜 조금만 먹어요?

나 : 살이 많이 쪄서 ________________________________.

6) **가 :** 계속 그 집에서 사실 거예요?

나 : 지금 사는 집이 너무 불편해서 ________________________.

–아야겠다/어야겠다

1. 다음과 같이 문장을 완성하십시오.

1) 오늘은 오랜만에 영화를 봐야겠어요 . (보다)

2) 스트레스가 쌓이면 노래를 ____________________. (부르다)

3) 올 여름에는 수영을 꼭 ____________________. (배우다)

4) 날마다 한 시간씩 ______________________. (걷다)

5) 저녁에는 집에서 맛있는 음식을 ______________________. (만들다)

2. 보기 에서 알맞은 단어를 골라 문장을 완성하십시오.

보기		
게임하다	교환하다	서비스 센터에 가다
커피를 마시다	다이어트를 하다	밥을 먹다

1) 살이 너무 많이 쪄서 걱정이에요. ______________________.

2) 인터넷에서 옷을 샀는데 마음에 안 들어요. ______________________.

3) 내일이 시험인데 너무 졸려요. ______________________.

4) 밤늦게까지 게임을 해서 너무 피곤해요. ______________________.

5) 핸드폰을 고쳤는데 또 고장이 났어요. ______________________.

6) 점심을 많이 먹어서 소화가 안 돼요. 저녁에는 ______________________.

3. 다음과 같이 대화를 완성하십시오.

1) **가 :** 화장실에 비누가 없어요.

나 : 그래요? 물비누도 없어요?

가 : 네, 가게에 가서 비누를 사 와야겠어요.

2) **가 :** 아까부터 배가 아파서 공부를 못 하겠어요.

나 : 그래요? 집에 가서 약을 먹고 좀 쉬세요.

가 : 네, ______________________.

3) **가 :** 에어컨이 고장 나서 어제 더워서 잠을 못 잤어요.

나 : 그럼 서비스 센터에 전화해서 수리 기사를 부르세요.

가 : 네, ______________________________.

4) **가 :** 지난달에 쇼핑을 많이 해서 돈이 별로 없어요.

나 : 그럼 ______________________________.

가 : ______________________________.

5) **가 :** 커피를 너무 많이 마셔서 잠을 못 잤어요.

나 : 그럼 ______________________________.

가 : ______________________________.

종합 연습

'–기로 하다'와 '–아야겠다/어야겠다'를 사용하여 대화를 완성하십시오.

장핑 투이 씨, 다음 주부터 방학인데 뭐 할 거예요?

투이 고향에 갈 거예요. 장핑 씨는요?

장핑 저는 서울에 있으려고 해요. 고향 친구가 ____________________.

투이 좋겠네요. 친구하고 뭐 하려고 해요?

장핑 친구가 서울에서 유명한 곳에 가 보고 싶다고 했어요.
그래서 친구와 벌써 여행 계획을 세웠어요.
경복궁, 서울타워, 남산에 ____________________.

투이 재미있겠네요.

장핑 투이 씨는 고향에 갈 준비를 다 했어요?

투이 아니요, 짐은 거의 다 쌌는데 아직 선물을 못 샀어요.

장핑 그래요? 시간이 별로 없는데…….

투이 맞아요. 오늘 수업 끝난 다음에 ____________________.

31과 아무 말도 못 했어요

어휘

1. 보기 에서 알맞은 단어를 골라 대화를 완성하십시오.

보기

데 늦잠 두부 떨리다 지르다 차갑다

1) **가 :** 시장에 가는데 필요한 거 없어요?

   나 : 그럼 ____________ 좀 사 오세요. 김치찌개에 넣으려고요.

2) **가 :** 내일 어디에서 만날까요?

   나 : 지난번에 만난 ____________에서 만나요.

3) **가 :** 왜 이렇게 늦었어요?

   나 : 죄송합니다. 너무 피곤해서 ____________을/를 잤어요.

4) **가 :** 우유가 ____________지 않으니까 맛이 없어요.

   나 : 그럼 냉장고에 있는 다른 음료수를 드실래요?

5) **가 :** 드디어 내일 토픽 시험을 봐요! 너무 ____________아서/어서 저녁 식사도 못 할 것 같아요.

   나 : 긴장하지 말고 편안한 마음으로 시험 잘 보세요.

6) **가 :** 거기가 어디예요? 왜 그렇게 소리를 ____________?

   나 : 뭐라고요? 지하철이라서 잘 들을 수 없어요. 다시 전화할게요.

-(으)ㄹ래요

1. 맞는 것을 고르십시오.

1) 왕쯔이 씨, 무슨 음식을 만들래요 ? (만들다)

2) 우리 이 노래를 __________ ? (듣다)

3) 세르게이 씨, 저한테 좋은 아르바이트를 소개해 __________ ? (주다)

4) 저는 한국 노래를 __________ . (부르다)

5) 그 의자가 필요없으면 저한테 __________ ? (팔다)

2. 다음과 같이 대화를 완성하십시오.

1) (커피숍에서)

가 : 왕쯔이 씨, 뭐 마실래요 ? 커피 마실래요 ?

나 : 아니요, 저는 주스 __________ .

2) (식당에서)

가 : 저는 칼국수를 먹고 싶어요. 윤아 씨는요?

나 : 음…… 저는 비빔밥 __________ .

3) (교실에서)

가 : 내일 저녁에 명동에 가려고 하는데 같이 __________ ?

나 : 좋아요. 몇 시에 갈 거예요?

4) (운동장에서)

가 : 운동장을 걸으니까 기분이 좋네요. 내일도 같이 __________ ?

나 : 그래요. 내일은 더 오래 걸어요.

5) (친구 집에서)

가 : 내가 잡채를 만들 테니까 너는 된장찌개를 ______________?

나 : 그래. 재료는 다 있어?

3. 다음 대화를 완성하십시오.

바트 투이 씨, 뭐 ________________?

투이 저는 매운 음식을 먹고 싶어요.

김치찌개 ____________.

바트 씨는 뭐 드실래요?

바트 저는 ________________ 시킬래요.

아주머니, 여기 ____________하고

____________ 주세요.

투이 그리고 여기 물 좀 ______________?

아주머니 네, 잠깐만 기다리세요.

아무 ~도

1. (보기) 에서 알맞은 단어를 골라 대화를 완성하십시오.

보기

것　　일　　연락　　말　　소리　　데

1) **가 :** 어제 어디에 갔어요?

나 : 아무 데도 안 갔어요. 집에 있었어요.

2) **가 :** 무슨 일 있어요? 요즘 기분이 안 좋아 보여요.

나 : 아니에요. ______________ 없는데요.

3) **가 :** 선생님, 질문이 있어요.

나 : 쉿! 조용히 하세요. 시험 중에는 ____________________ 하지 마세요.

4) **가 :** 옆방 사람들이 너무 시끄럽지요?

나 : 글쎄요. ______________ 안 나는데요.

5) **가 :** 부모님한테서 연락을 받았지요? 언제 서울에 오신다고 해요?

나 : 저는 ______________ 못 받았어요.

6) **가 :** 커피를 드시겠어요? 주스를 드시겠어요?

나 : ________ 안 마실래요.

2. '아무 ~도'를 사용하여 다음 글을 완성하십시오.

아침부터 갑자기 몸이 아팠습니다. 열이 나면서 추웠습니다. 감기에 걸린 것 같았습니다. 아무 데도 갈 수 없을 것 같았습니다. 그래서 선생님께 전화를 해서 수업에 결석하겠다고 말했습니다. 아침을 먹지 않았지만 입맛이 없어서 __________ 먹고 싶지 않았습니다. 물만 조금 마시고 침대에 누웠습니다.
기숙사 친구들은 모두 학교에 가서 ______________. 저는 혼자 조용한 방에 있었습니다. 힘이 없어서 __________________________. 병원에 가고 싶었지만 같이 갈 사람이 ____________________. 몸이 아프니까 고향에 계신 부모님 생각이 났습니다. 그래서 고향 집에 전화를 했는데 ______________ 전화를 받지 않았습니다. 갑자기 눈물이 났습니다.

종합 연습

'-(으)ㄹ래요'와 '아무 ~도'를 사용하여 대화를 완성하십시오.

왕쯔이 간토야 씨, 오늘 학교에 안 갔어요? 무슨 일 있었어요?

간토야 몸이 아파서 못 갔어요.

왕쯔이 그래요? 식사는 했어요?

간토야 아니요, 입맛이 없어서 ______________________________.

왕쯔이 그럼 병원에는 갔어요?

간토야 아니요, 병원에도 못 갔어요.

왕쯔이 그럼 지금 ______________________________?

간토야 네, 미안하지만 병원에 같이 ______________________________?

왕쯔이 그럼요. 같이 가 줄게요.

간토야 고마워요.

32과 손님이 많이 오는 편이에요

어휘

1. 보기 에서 알맞은 단어를 골라 대화를 완성하십시오.

보기

노인 외모 자연 습관

1) **가 :** 저 영화배우는 젊은데 ____________ 연기를 정말 잘해요.

   나 : 맞아요. 저는 진짜 할아버지인 줄 알았어요.

2) **가 :** 지훈 씨는 도시와 시골 중에서 어떤 곳에서 살고 싶어요?

   나 : 저는 산과 들과 넓은 하늘을 볼 수 있는 ____________을/를 좋아하니까 시골에서 살고 싶어요.

3) **가 :** 학교에 일찍 왔네요.

   나 : 네, 늦게 일어나는 ____________을/를 바꾸려고 요즘 일찍 자거든요.

4) **가 :** 마키 씨는 키가 큰 남자랑 결혼하고 싶어요?

   나 : ____________보다는 성격이 더 중요한 것 같아요.

2. 보기 에서 알맞은 단어를 골라 다음을 완성하십시오.

보기

통통하다 게으르다 부지런하다 왜냐하면 치우다

1) 저와 제 동생은 성격이 아주 달라요. 저는 아침에 늦게 일어나요. 숙제를 자주 미뤄요. 저는 __________아서/어서 엄마한테 자주 혼나요. 하지만 제 동생은 아주 __________ 아요/어요. 일찍 일어나서 예습을 하고, 날마다 숙제를 잊지 않아요. 학교에도 지각하지 않아요.

2) 저는 키가 너무 큰 사람보다는 저보다 조금 큰 사람이 좋습니다. 그리고 마른 사람보다는 ______________(으)ㄴ 사람을 좋아해요.

3) **가 :** 여기요. 이 테이블 좀 ______________아/어 주시겠어요?

나 : 네, 잠깐만 기다리세요.

4) 이번 졸업 여행은 취소하려고 합니다. _____________ 우리 반 학생들이 모두 일찍 고향에 돌아가고 싶어 하기 때문입니다. 여행보다는 간단하게 식사를 하는 것이 좋을 것 같습니다.

-는/(으)ㄴ 편이다

1. 맞는 것을 고르십시오.

1) 우리 집은 학교에서 (㉠멀은, ㉡먼) 편입니다.

2) 저는 늦게 (㉠잔, ㉡자는) 편이에요.

3) 한국 음식은 대부분 (㉠매운, ㉡맵은) 편입니다.

4) 이리나 씨는 운동을 좋아하지 (㉠않는, ㉡않은) 편이에요.

5) 우리 학교 기숙사는 시설은 좋지만 방이 (㉠작은, ㉡작는) 편입니다.

6) 제 동생은 키가 크지 (㉠않는, ㉡않은) 편이에요.

2. (보기) 에서 알맞은 단어를 골라 문장을 완성하십시오.

보기

좋아하다　　부르다　　깨끗하다　　타다　　춥다

1) 저는 스키를 좋아해서 자주 ____________________.

2) 한국의 겨울 날씨는 고향에 비해서 ____________________.

3) 제 고향은 산이 있어서 공기가 ____________________.

4) 제 동생은 노래를 잘 ____________________.

5) 저는 매운 음식을 ____________________.

3. 다음과 같이 대화를 완성하십시오.

1) **가 :** 게임을 자주 하세요?

나 : 네, 자주 하는 편이에요./아니요, 거의 하지 않는 편이에요 .

2) **가 :** 아침에 일찍 일어나세요?

나 : ____________________.

3) **가 :** ____________________?

나 : 아니요, 조금 시끄러운 편이에요.

4) **가 :** 학교 우체국을 자주 이용하세요?

나 : ____________________.

5) **가 :** ____________________?

나 : 아니요, 좀 무거운 편이에요.

–기는 하지만

1. 다음과 같이 대화를 완성하십시오.

1) **가 :** 라면을 자주 드세요? (먹다)

나 : 자주 먹기는 하지만 별로 좋아하지는 않아요.

2) **가 :** 한국어 공부를 위해서 텔레비전을 보세요? (보다)

나 : ________________ 이해하기가 힘들어요.

3) **가 :** 아르바이트는 힘들지 않아요? (힘들다)

나 : ________________ 좋은 경험이 될 거예요.

4) **가 :** 내일 우리 집에 잠깐 올 수 있어요? (바쁘다)

나 : ________________ 잠깐 들를 수는 있어요.

5) **가 :** 피아노를 칠 줄 알아요? (치다)

나 : ________________ 잘 치지는 못해요.

2. 다음과 같이 대화를 완성하십시오.

1) **가 :** 매운 음식을 좋아하세요?

나 : 좋아하기는 하지만 많이 먹을 수 없어요.

2) **가 :** 어머니가 보내 주신 선물은 마음에 들어요?

나 : ________________________________.

3) **가 :** 집에서 요리를 하세요?

나 : ____.

4) **가 :** 방학 때 고향에 가고 싶어요?

나 : ____.

5) **가 :** 비행기가 도착했어요?

나 : ____.

6) **가 :** 오늘 일찍 일어났어요?

나 : ____.

종합 연습

'-는/(으)ㄴ 편이다'와 '-기는 하지만'을 사용하여 대화를 완성하십시오.

윤아 왕쯔이 씨, 요즘 바빠요? 혹시 내일 만날 수 있어요?

왕쯔이 ______________________ 내일은 괜찮을 것 같아요. 그런데 왜요?

윤아 공짜 영화표를 두 장 받았거든요. 왕쯔이 씨랑 보고 싶은데 같이 갈래요?

왕쯔이 좋아요. 고마워요. 그런데 무슨 영화예요?

윤아 액션 영화인데 아주 재미있을 것 같아요. 왕쯔이 씨는 액션 영화를 좋아해요?

왕쯔이 ______________________ 제가 한국어를 잘 못해서 좀 어려울 것 같아요.

윤아 걱정하지 마세요. 이 영화는 중국 영화니까요.

왕쯔이 중국 영화예요? 윤아 씨는 중국 영화도 자주 보세요?

윤아네, 요즘 중국어를 배우고 있어서 ______________________.

보다가 모르는 것이 있으면 왕쯔이 씨한테 물어볼게요.

왕쯔이 그럼요. 얼마든지 물어보세요.

33과 기침도 나고 목도 아파요

어휘

1. 그림을 보고 (보기) 에서 알맞은 단어를 골라 문장을 완성하십시오.

보기

배탈 기침 콧물 열 주사 여드름

1) (배탈)이 나다

2) ( )이/가 나오다

3) ( )이/가 나다

4) ( )을/를 맞다

5) ( )이/가 나다

6) ( )이/가 나다

~도 -고

1. 관계있는 것을 연결하고 문장을 완성하십시오.

1) 기침이 나요.	●	● 그리고 음식이 맛있어요.
2) 열이 나요.	●	● 그리고 목이 아파요.
3) 그 식당이 값이 싸요.	●	● 그리고 목소리가 좋아요.
4) 제 남자 친구는 성격이 좋아요.	●	● 그리고 콧물이 나요.
5) 제주도에서 말을 탔어요.	●	● 그리고 바다낚시를 했어요.

1) 기침도 나고 콧물도 나요.

2) ______________________.

3) ______________________.

4) ______________________.

5) ______________________.

2. 보기 와 같이 대화를 완성하십시오.

보기

가 : 백화점에서 쇼핑 잘 했어요?

나 : 네, 옷도 사고 신발도 샀어요.

1) 가 : 어제 뭐 했어요? (영화 / 산책)

나 : ______________________.

2) **가 :** 오늘 날씨가 어때요? (바람 / 눈)

나 : ______________________________.

3) **가 :** 가수 "뱅뱅"의 새 뮤직 비디오 봤어요? (따라 부르기가 쉽다 / 재미가 있다)

나 : ______________________________.

4) **가 :** 한국 생활이 어때요?

나 : ______________________________.

5) **가 :** 그 친구를 왜 좋아해요?

나 : ______________________________.

3. 다음을 보고 (보기) 와 같이 문장을 완성하십시오.

우리 반 친구 이름	부러운 점 1	부러운 점 2
(보기) 이리나	성격이 좋아요	운동을 잘해요

(보기) 이리나 씨는 성격도 좋고 운동도 잘해서 부러워요.

1) ______________________________.

2) ______________________________.

3) ______________________________.

–(으)면 되다

1. 다음과 같이 문장을 완성하십시오.

1) 비가 오지만 편의점에서 우산을 사면 돼요. (편의점에서 우산을 사다)

2) 요즘 건강이 좀 나빠졌지만 ____________________. (자주 운동하다)

3) 모르는 단어가 많지만 ____________________. (사전에서 찾다)

4) 학생증을 잃어버렸지만 ____________________. (다시 만들다)

5) 듣기 시험이 어렵지만 ____________________. (듣기 mp3를 많이 듣다)

6) 밤늦게 혼자 집에 가기가 무섭지만 ____________________. (노래를 부르다)

2. 보기 와 같이 대화를 완성하십시오.

보기

가 : 시험 볼 때 여권이 필요해요?

나 : 아니요. 외국인 등록증만 있으면 돼요.

1) 가 : 제주도에 갈 때 여권도 필요해요? (외국인 등록증)

나 : 아니요. ____________________.

2) 가 : 도서관에서 책을 빌리려면 어떻게 해야 해요? (학생증)

나 : ____________________.

3) 가 : 복사기를 어떻게 사용하는지 아세요? (복사 버튼을 누르다)

나 : 제가 도와 드릴게요. 카드를 넣고 ____________________.

4) **가 :** 한국말을 잘 못하는데 요가를 배울 수 있어요? (요가 선생님을 따라 하다)

나 : 걱정하지 마세요. ______________________________.

5) **가 :** 이 신청서에 이름이랑 주소를 모두 써야 해요?

나 : 주소는 안 써도 돼요. ______________________________.

6) **가 :** 청소 다 끝났어요?

나 : 방 청소는 아까 끝났어요. ______________________________.

종합 연습

다음 안내문을 읽고 '~도 -고', '-(으)면 되다'를 이용해서 대화를 완성하십시오.

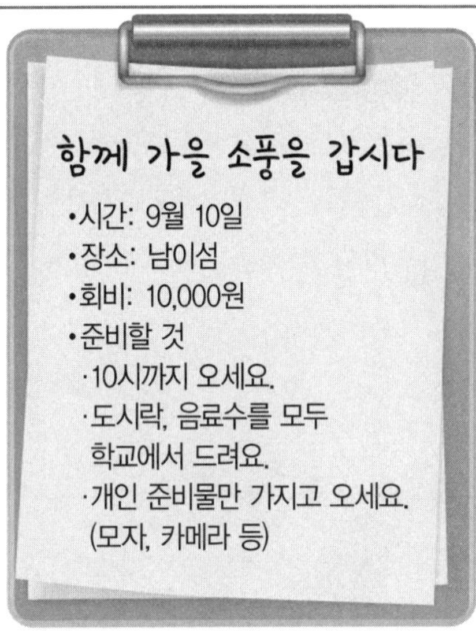

압둘라 언제 소풍을 가요?

제프리 __________에 가요.

압둘라 어디로 간다고 해요?

제프리 __________(으)로 간다고 해요.

압둘라 와, 재미있겠네요. 회비도 있어요?

제프리 네. 회비는 10,000원이에요.

압둘라 그럼 그날도 학교에 9시까지 와야 해요?

제프리 아니요.

______________________________.

압둘라 먹을 것도 준비해야 해요?

제프리 아니요. ______________________________.

압둘라 그럼 무엇을 준비하면 돼요?

제프리 ______________________________.

34과 약을 먹어도 낫지 않아요

어휘

1. (보기) 에서 알맞은 단어를 골라 문장을 완성하십시오.

보기

붓다　　　짓다　　　젓다　　　긋다

1) (밥을 짓다)

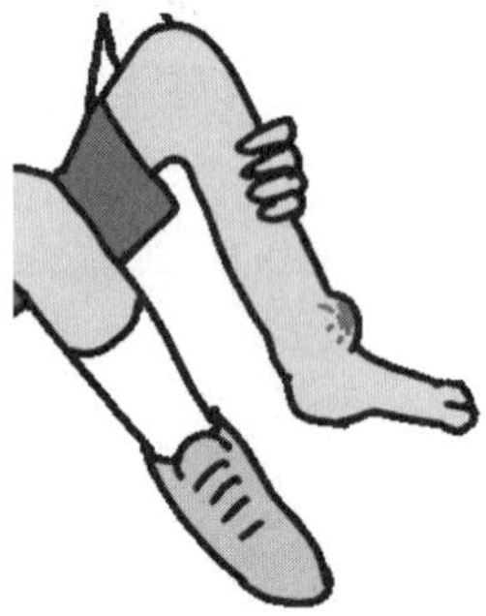

2) (　　　　　　)

3) (　　　　　　)

4) (　　　　　　)

5) (　　　　　　)

6) (　　　　　　)

2. (보기) 에서 알맞은 단어를 골라 문장을 완성하십시오.

보기

과식하다　　끓다　　귀찮다　　피부　　처방전

1) ________(으)ㄹ 때는 소화제를 먹으면 돼요.

2) 감기약은 ________을/를 받지 않아도 약국에서 살 수 있어요.

3) 물이 ______기 전에 라면을 넣으면 안돼요.

4) 그 화장품을 사용하고 나서 ________이/가 좋아졌어요.

5) 도서관에 가기 ________(으)면 제가 책을 반납할게요.

ㅅ 불규칙

1. 다음 표를 완성하십시오.

기본형	-아요/어요	-(으)세요	-(으)니까	-고	-습니다/ㅂ니다
붓다		부으세요			
낫다					
짓다					
젓다					
잇다				잇고	
긋다					
웃다			웃으니까		
씻다					
벗다					

2. 보기 에서 알맞은 단어를 골라 대화를 완성하십시오.

보기

붓다　　잇다　　짓다　　젓다　　긋다　　낫다

보기

가 : 이 줄이 짧아요.

나 : 그럼 줄을 두 개 이으세요.

1)

가 : 스프를 처음 만들어 봐요.

언제 ________아야/어야 해요?

나 : 끓으면 계속 ________(으)세요.

2)

가 : 이 문법이 중요하니까 여기에

줄을 ________(으)세요.

나 : 네, 고마워요.

3)

가 : 왜 이렇게 얼굴이 ____________?

나 : 어제 자기 전에 라면을 먹어서 그래요.

4)

가 : 와, 왕쯔이 씨 고향 집이 멋있네요.

나 : 아버지가 3년 동안 ________ 집이에요.

5)

가 : 배가 아직도 아파요?

나 : 병원에 가서 주사를 맞고 약을 먹었어요.

그래서 다 ____________.

-아도/어도

1. (보기) 에서 알맞은 단어를 골라 대화를 완성하십시오.

보기

켜다　　전화하다　　읽다　　늦다　　덥다　　힘들다

1) **가 :** 왜 이렇게 덥지요?

나 : 맞아요. 에어컨을 켜도 시원해지지 않네요.

2) **가 :** 너무 더워서 아이스커피를 3잔이나 마셨어요.

나 : 아무리 ____________ 너무 많이 드시지 마세요.

3) **가 :** 사무실에 전화해서 물어봤어요?

나 : 아니요. 사무실에 여러 번 ____________ 안 받아요.

4) **가 :** 한국어 실력이 좋아지지 않아서 그만두고 싶어요.

나 : 아무리 ____________ 포기하지 마세요.

5) **가 :** 죄송해요. 회의 시작하기 전에 못 갈 것 같아요.

나 : 알겠어요. ____________ 9시 30분까지는 와야 해요,

6) **가 :** 잘 모르겠으면 사용 설명서를 읽어 보세요.

나 : 벌써 읽어 봤어요. ____________ 잘 모르겠어요.

2. (보기) 와 같이 대화를 완성하십시오.

보기

가 : 그 단어를 또 잊어버렸어요?

나 : 네. 그 단어는 외워도 자꾸 잊어버려요.

1) 가 : 학교 오기 전에 날마다 운동하면 힘들지 않아요?

나 : ________________ 건강을 위해서 운동하려고 노력해요.

2) 가 : 지금 어디예요? 몇 시쯤 도착해요?

나 : 미안해요. ________________ 버스가 안 와요. 택시를 타고 갈게요.

3) 가 : 정윤 씨는 농구를 참 잘하는 것 같아요.

나 : 맞아요. 키가 ________________ 농구를 정말 잘하네요.

4) 가 : 여자 친구가 만든 요리가 맛없을 때는 뭐라고 말해야 해요?

나 : 음식이 ________________ 맛없다고 말하면 안 돼요.

5) 가 : 요즘 아르바이트 때문에 너무 피곤해서 숙제를 못 하고 있어요.

나 : ________________________________.

종합 연습

건강해지려면 어떻게 하는 게 좋을까요? '-아도/어도'를 사용해서 건강해지는 방법에 대해 써 보십시오.

요즘은 건강에 관심이 있는 사람들이 많아졌어요.

첫째, 건강하게 살려면 운동을 자주 하는 것이 좋아요. 아무리 피곤해도 운동을 꾸준히 해야 해요.

둘째, 식사는 하루에 3번 하는 게 좋아요.

셋째,

35과 걸어서 가는 게 어때요?

어휘

1. (보기) 에서 알맞은 단어를 골라 문장을 완성하십시오.

보기

들다　　칭찬하다　　답답하다　　봉사　　모양

1) 저는 마음이 ____________(으)ㄹ 때마다 산책을 해요.

2) 오늘 선생님께서 저에게 발음이 좋아졌다고 ____________아/어 주셨어요.

3) 어려운 사람들을 도와주려고 ____________활동을 신청했어요.

4) 원룸으로 이사하고 나서 생활비가 너무 많이 ____________아요/어요.

5) 여자 친구가 만든 케이크는 맛도 있고 ____________도 예뻐요.

2. (보기) 와 같이 다음 단어를 쓰고 읽어 보십시오.

보기

kg : 킬로그램

1) cm : ____________　　2) km : ____________

3) ℓ : ____________　　4) mℓ : ____________

5) g : ____________　　6) kcal : ____________

-는 게 어때요?

1. (보기) 에서 알맞은 단어를 골라 대화를 완성하십시오.

보기

혼자 여행을 가 보다　　커피를 줄이다　　인터넷 뱅킹을 이용하다
머리 모양을 바꿔 보다　　학교 안 체육실에서 운동하다

1) **가 :** 아이들 때문에 혼자 있는 시간이 별로 없어요.
   나 : 그럼 아이들이 방학을 하면 혼자 여행을 가 보는 게 어때요?

2) **가 :** 내일 오랜만에 동창회에 나가기로 했어요. 멋있어 보였으면 좋겠어요.
   나 : 그럼 ______________________________?

3) **가 :** 시간도 없고 돈도 없어서 요즘 운동을 자주 못 해요.
   나 : 그럼 ______________________________?

4) **가 :** 휴대폰 요금 내는 것을 자꾸 잊어버려요.
   나 : 그럼 ______________________________?

5) **가 :** 요즘 밤마다 잠을 못 자서 수업 시간에 졸려요,
   나 : 그럼 ______________________________?

2. 다음 그림을 보고 (보기) 와 같이 대화를 완성하십시오.

보기

가 : 머리가 좀 아프네요.

나 : 그럼 집에 가서 좀 쉬는 게 어때요 ?

1) 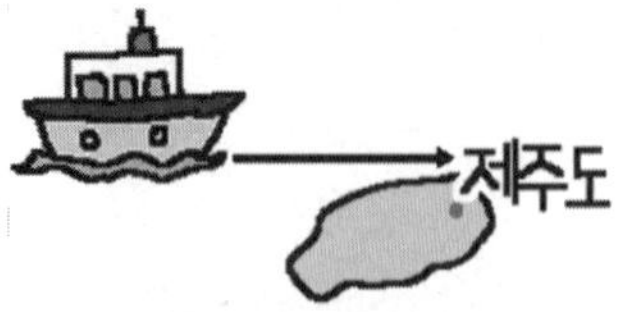

가 : 제주도에 가고 싶은데 비행기표가 너무 비싸네요.

나 : ______________________________?

2) 

가 : 기분이 우울해서 아무것도 하기 싫어요.

나 : ______________________________?

3) 

가 : 3일 동안 약을 먹어도 낫지 않네요.

나 : ______________________________?

4) 

가 : 휴대폰이 벌써 3번이나 고장 났어요.

나 : ______________________________?

5) 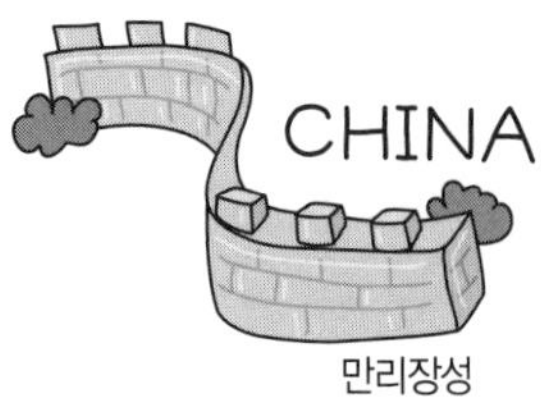

가 : 방학을 하면 베이징에 가려고 해요.
무엇을 구경하면 좋을까요?

나 : ______________________________?

6) 

가 : 친구 생일에 기억에 남는 선물을 해 주고
싶은데 돈이 별로 없어요.

나 : ______________________________?

마다

1. 다음 그림을 보고 (보기) 와 같이 대화를 완성하십시오.

5월

일	월	화	수	목	금	토
용돈 1	한국어 공부 → 2	3	4	5	6	7
등산 8	9	피아노 10	11	12	청소 13	14
등산 15	16	피아노 17	18	19	20	21
등산 22	23	피아노 24	25	26	청소 27	28
등산 29	30	피아노 31	용돈 6/1	6/2	6/3	6/4

(보기)

가 : 운동을 자주 하세요?

나 : 네, 아침마다 운동을 해요.

1) 가 : 언제 피아노를 배워요?

나 : ______________________________.

2) 가 : 요즘도 주말에 등산하세요?

나 : 그럼요. ______________________________.

3) **가 :** 한국어 공부를 얼마나 해요?

나 : ____________ 한 시간쯤 해요.

4) **가 :** 청소를 자주 하세요?

나 : ____.

5) **가 :** 일주일마다 용돈을 받아요?

나 : ____.

2. (보기) 와 같이 대화를 완성하십시오.

> **보기**
>
> **가 :** 압둘라 씨는 시간이 있으면 뭘 해요?
>
> **나 :** 저는 시간이 있을 때마다 축구를 해요.

1) **가 :** __________ 씨, 주말에 뭐 해요?

나 : ____.

2) **가 :** __________ 씨, 운동을 자주 하세요?

나 : ____.

3) **가 :** __________ 씨, 고향에 계신 부모님께 자주 전화하세요?

나 : ____.

4) **가 :** __________ 씨, 스트레스를 받으면 어떻게 풀어요?

나 : ____.

5) **가 :** __________ 씨, 언제 고향 생각이 나요?

나 : ____.

종합 연습

'–는 게 어때요?'와 '마다'를 이용해서 다음 대화를 완성해 보십시오.

제프리 알렉세이 씨, 요즘 무슨 일 있어요?

알렉세이 시험을 못 봐서 스트레스가 많아요.

제프리 저도요. 알렉세이 씨는 스트레스를 어떻게 풀어요?

알렉세이 저는 스트레스를 푸는 방법을 모르겠어요. 그냥 많이 먹어요. 제프리 씨는요?

제프리 저는 _______________(으)ㄹ 때마다 ____________________ ____________________(으)면 기분이 좀 좋아져요.

알렉세이 그래요?

제프리 네. 알렉세이 씨도 저처럼 __________________는 게 어때요?

36과 건강을 생각하게 됐어요

어휘

1. (보기) 에서 알맞은 단어를 골라 문장을 완성하십시오.

보기

방송국　　마늘　　기능　　토마토　　궁금하다

1) 주말에 토픽 시험을 봤는데 시험 결과가 너무 ________아요/어요.
2) 다른 사람들이 ________ 냄새를 싫어할 수 있으니까 양치하세요.
3) ________이/가 건강에 좋다고해서 자주 챙겨 먹어요.
4) 새로 나온 휴대폰은 다양한 ________ 덕분에 손님들에게 인기가 많아요.
5) 어제는 좋아하는 배우 이우빈 씨를 만나기 위해서 ________ 앞에서 5시간이나 기다렸어요.

2. (보기) 에서 알맞은 단어를 골라 문장을 완성하십시오.

보기

과목　　끼리　　애완동물　　신입 사원　　도시락

1) 제가 고등학교에 다닐 때 싫어하는 ________은/는 수학이었어요.
2) 날씨가 좋아서 그런지 공원에서 ________을/를 먹으면서 데이트하는 사람들이 많네요.
3) 이번 방학에는 우리 반 학생들________ 제주도로 여행을 가려고 해요.
4) 회사에 새로 취직한 회사원을 ________(이)라고 해요.
5) 혼자 살 때 ________ 덕분에 외롭지 않았어요.

에 대해서

1. (보기) 와 같이 어울리는 것을 골라서 대화를 완성하십시오.

보기

□ 건강	☑ 교육	□ 역사

가 : 무슨 책을 찾으세요?

나 : 교육에 대한 책을 찾고 있어요.

□ 월급	□ 분위기	□ 근무 시간

1) 가 : 이 회사에 대해서 무엇을 알고 싶습니까?

나 : ______________________________.

□ 여행 날짜	□ 여행지	□ 준비물

2) 가 : 친구들과 무슨 이야기를 했어요?

나 : ______________________________.

□ 한국 영화	□ 한국 노래	□ 한국 음식

3) 가 : 무엇에 대해서 발표할 거예요?

나 : ______________________________.

□ 성격	□ 직업	□ 취미

4) 가 : 그 사람에 대해서 무엇을 더 알고 싶어요?

나 : ______________________________.

□ 가족	□ 사랑	□ 동물

5) 가 : 어제 본 영화는 무엇에 대한 거였어요?

나 : ______________________________.

2. (보기) 와 같이 대화를 완성하십시오.

보기

가 : 한국에 오기 전에 우리 대학교에 대해서 알고 있었어요?

나 : 네, 대학 설명회에 가서 우리 대학교에 대해서 알게 됐어요.

1) 가 : 인터넷으로 무엇에 대해서 자주 알아봐요?

나 : ______________________________.

2) 가 : 앞으로 무엇에 대해서 공부하고 싶어요?

나 : ______________________________.

3) 가 : ________________ 말해 주세요.

나: 제 취미는 수영인데 한국에 와서 자주 못 했어요.

4) 가 : 요즘 어떤 책을 읽었어요?

나 : ______________________________.

5) 가 : 어제 어떤 영화를 봤어요?

나 : ______________________________.

-게 되다

1. 그림을 보고 (보기) 와 같이 같이 문장을 완성하세요.

보기

한국에 와서 김치를 먹게 되었어요.

1) 요즘 건강이 나빠져서 ____________________.

2) 스트레스가 많이 쌓여서 ____________________.

3) 한국에 와서 ____________________.

4) 혼자 살기 외로워서 ____________________.

5) 두 사람은 사랑해서 ____________________.

2. (보기) 와 같이 대화를 완성하십시오.

보기

가 : 마키 씨, 고향에서도 김치를 잘 먹었어요?

나 : 아니요. 한국에서 자주 먹어서 잘 먹게 되었어요.

1) 가 : ________ 씨, 왜 한국어를 배우게 됐어요?

나 : ________________________________.

2) 가 : ________ 씨, 고향에서도 요리를 했어요?

나 : 아니요, ________________________________.

3) 가 : ________ 씨, 고향에서도 혼자 살았어요?

나 : 아니요, ________________________________.

4) 가 : ________ 씨, 왜 ________ 을/를 좋아하게 됐어요?

나 : ________________________________.

5) 가 : ________ 씨, 작년에도 우리 반 ________ 씨를 알았어요?

나 : 아니요, ________________________________.

종합 연습

'에 대해서', '에 대한', '-게 되다'를 이용해서 다음 대화를 완성해 보십시오.

간토야 마키 씨, 한국에 온 지 얼마나 됐어요?

마키 6개월쯤 됐어요.

간토야 그래요? 마키 씨는 왜 한국에 ______________________________?

마키 한국 드라마를 좋아해서 ______________________________.

간토야 저도 한국 드라마를 좋아해요.

특히 역사에 관심이 많아서 _______________ 드라마를 자주 봐요.

마키 씨는 좋아하는 배우가 있어요?

마키 저는 김주현을 좋아해요.

간토야 그래요? ______________________________?

마키 드라마 "첫사랑" 주인공인데 그 드라마를 보고 나서 좋아하게 되었어요.

워크북 정답

1과

어휘

1. 2) 하루 3) 나흘 3) 사흘

2. 1) 친해요 2) 시작해요 3) 이사할 4) 연주하고
   5) 새 6) 가장 7) 연기를 8) 인기가 9) 선배예요

–(으)ㄴ 지

1. 1) 읽은 지 2) 공부한 지 3) 본 지 4) 찍은 지
   5) 산 지 6) 먹은 지 7) 들은 지 8) 만든 지

2. 1) 이 학교에 다닌 지 2) 영어를 배운 지
   3) 점심(을) 먹은 지 4) 이 빵을 만든 지
   5) 그 얘기를 들은 지

3. 2) 좋아한 지 3년 됐어요 3) 산 지 6개월(6달) 됐어요
   4) 먹은 지 3개월(3달) 됐어요 5) 배운 지 한 달 됐어요

(이)랑

1. 1) ㉠ 2) ㉡ 3) ㉠ 4) ㉡ 5) ㉠ 6) ㉠

2. 1) 티셔츠랑 바지를 샀어요/바지랑 티셔츠를 샀어요
   2) 김밥이랑 떡볶이를 만들 거예요/떡볶이랑 김밥을 만들거예요
   3) 수요일이랑 금요일에 가요
   4) 병원이랑 도서관에 가요
   5) 압둘라 씨랑 장핑 씨랑 마키가 왔어요
   6) 지훈 씨랑 영화를 봐요

종합 연습 (예시 답안)
온 지 얼마나 됐어요 / 온 지(산 지) /
친구랑(가족이랑) 같이 살아요 / 부산이랑 제주도에

2과

어휘

1. (1) 딸기 (2) 설거지 (3) 만두 (4) 호수 (5) 낚시

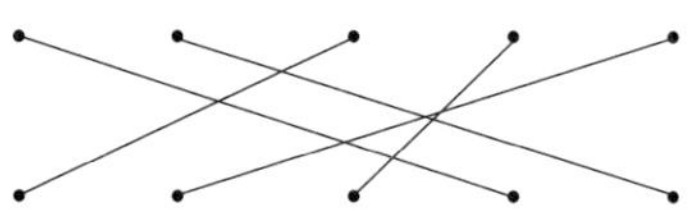

㉠ ㉡ ㉢ ㉣ ㉤

2. 1) 나이가 2) 아직 / 끝내고 3) 갔다 왔어요
   4) 너무 5) 벌써

반말

1. 1) 핑아 / 좋아해 / 응 / 좋아해
   2) 멀어 / 아니 / 걸려
   3) 할까 / 볼까
   4) 가 / 아니 / 가지 않아
   6) 몇 시야 / 1시 15분이야
   7) 살 거야 / 살 거야
   8) 핑아 / 내일 몇 시에 올 거야 / 갈게

2. (예시 답안)
   1) 나는 책을 읽거나 컴퓨터를 해
   2) 한국어로 수업을 듣는 것이 어려워
   3) 8월 15일이야
   4) 이민호야
   5) 친구하고 북한산에 등산을 하러 갈 거야 / 등산을 갈 거야
   6) 응, 먹었어

종합 연습 (예시 답안)
오랜만이야 / 나는 지금 한국 회사에서 일해 /
나도 회사에 다녀 / 응, 결혼했어 /
결혼한 지 3년 됐어 /
아이는 한 명이야. 지금 두 살이야

3과

어휘

1. 1) 냄새가 2) 빌려줬어요 3) 소파
   4) 끓여서 5) 화를 6) 성격이

2. 1) 아빠 · · 편리하다
   2) 좋다 · · 같다
   3) 가볍다 · · 엄마
   4) 불편하다 · · 무겁다
   5) 다르다 · · 싫다

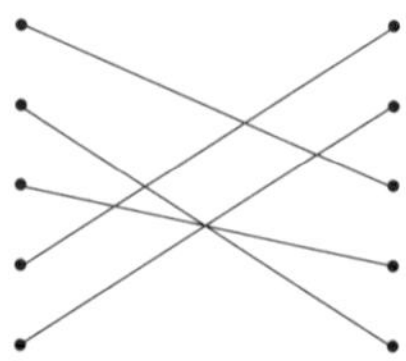

–(으)ㄹ까요?[1]

1. 1) 예매할까요 2) 가르칠까요 3) 전화할까요
   4) 읽을까요 5) 도울까요 6) 열까요

2. 1) 기다릴까요 2) 빵을 줄까요/드릴까요
   3) 넣을까요 4) 입을까요

5) 창문을 닫을까요
6) 떡볶이를 만들까요/만들어 줄까요

-았으면/었으면 좋겠다

1. 2) 갔으면 3) 먹었으면 4) 건강했으면
5) 가까웠으면 6) 읽었으면 7) 들었으면
8) 컸으면 9) 넓었으면 10) 불렀으면

2. 2) 키가 컸으면 좋겠어요
3) 시험을 잘 봤으면 좋겠어요
4) 이사를 했으면 좋겠어요
5) 의자에 앉았으면 좋겠어요
6) 잠을 많이 잤으면 좋겠어요
7) 돈이 많았으면 좋겠어요

3. (예시 답안)
1) 저는 한국 회사에서 일했으면 좋겠어요
2) 외국으로 여행을 갔으면 좋겠어요
3) 옷이나 가방을 받았으면 좋겠어요
4) 새 노트북을/휴대 전화를 샀으면 좋겠어요
5) 남자/여자 친구가 생겼으면 좋겠어요

종합 연습 (예시 답안)

켤까요 / 줄까요 / 한국 회사에서 일할 수 있었으면 좋겠어요 / 저는 대학원에서 공부했으면 좋겠어요

4과

어휘

1. 1) 환영합니다 2) 어울려요 3) 버리세요 4) 닦으세요
5) 휴게소 6) 천천히 7) 소리가 8) 어른

-는 동안

1. 1) 7달 동안(7개월) 2) 설명하는/말하는
3) 엄마가 저녁 준비를 하는/엄마가 요리를 하는
4) 공부하는 5) 시험을 보는 6) 여행하는

2. 2) 식사 준비를 하는 동안
3) 식사하는 동안
4) 회사에서 일하는 동안
5) 책을 읽는 동안
6) 만화를 보는 동안

(이)든지

1. 2) 뭐든지 3) 언제든지 4) 얼마든지 5) 누구든지

2. 2) 어떤 곳이든지
3) 어떤 물건이든지
4) 어떤 사람이든지
5) 얼마든지

종합 연습 (예시 답안)

공부하는 동안 / 언제든지 / 뭐든지 / 쇼핑을 하는 동안

5과

어휘

1. 1) 마치고 2) 깨졌어요 3) 갈아입어요
4) 예매해야 5) 밀린

2. 1) 누릅니다 3) 비밀번호를 4) 금액을 5) 꺼내면

-(으)려고 하다

1. (예시 답안)
1) 자르려고 해요
2) 학생증을 만들려고 해요
3) 고향에 돈을 보내려고 해요
4) 고기하고 과일을 사려고 해요

2. (예시 답안)
1) 고향에 가려고 해요
2) 좀 쉬려고 해요
3) 고향 친구들을 만나려고 해요
4) 파티를 하려고 해요
5) 고향 음식을 만들려고 해요
6) 내년쯤 돌아가려고 해요
7) 취직하려고 해요/회사에서 일하려고 해요

-(으)ㄴ 다음에

1. 1) 매일 저녁을 먹은 다음에 산책을 해요.
2) 주말에 집안일을 한 다음에 텔레비전을 봐요.
3) 영화를 본 다음에 저녁을 먹었어요.
4) 수업이 끝난 다음에 커피를 마셨어요.
5) 6급까지 한국어를 배운 다음에 대학교에서 공부할 거예요.

2. (예시 답안)
1) 숙제를 한 다음에 시장에 갈 거예요.
2) 점심을 먹은 다음에 기숙사에서 쉴 거예요.
3) 고향에 돌아간 다음에 회사에서 일하고 싶어요.
4) 청소를 한 다음에 텔레비전을 봤어요.
5) 영화를 본 다음에 부모님께 전화를 했어요.

종합 연습 (예시 답안)

컴퓨터 공학을 공부하려고 합니다. 대학교를 졸업한 다음에 취직하려고 합니다. 취직을 한 다음에 결혼하려고 합니다.

6과

어휘

1. 1) 외국인 등록증은 2) 잃어버려서
 3) 새로 4) 신청서 5) 재료가

못

1. 1) 칠 수 있어요 / 수영은 못해요
 2) 야구를 할 수 있어요 / 농구는 못해요
 3) 말을 탈 수 있어요 / 기타는 못 쳐요
 4) 춤을 출 수 있어요 / 자전거는 못 타요
 5) 영어를 읽을 수 있어요 / 중국어는 못 읽어요

2. 1) 스키를 못 타요 2) 화장을 못 했어요
 3) 고향에 못 가요 4) 거짓말을 못해요
 5) 시간이 없어서 못 먹었어요
 6) 머리가 아파서 못 했어요

-(으)ㄹ 때

1. (예시 답안)
 1) 배가 아플 때
 2) 집에 갈 때
 3) 손님이 올 때
 4) 시간이 있을 때
 5) 스트레스를 받을 때
 6) 데이트를 할 때

2. (예시 답안)
 1) 부모님과 통화할 때 기분이 좋아요
 2) 아플 때 고향에 가고 싶어요
 3) 면접을 볼 때/결혼식에 갈 때 정장을 입어요
 4) 친구가 거짓말을 할 때 화가 나요
 5) 부모님이 보고 싶을 때 부모님께 전화를 해요

종합 연습 (예시 답안)

산책을 할 때 / 못 먹습니다 / 볼 때 / 못 웃습니다

7과

어휘

1. 1) 갑자기 2) 긴장돼요 3) 선풍기를
 4) 조심해서 5) 준비 운동을

2. 1) 타다 • • 나가다
 2) 벗다 • • 내리다
 3) 출발하다 • • 입다
 4) 들어가다 • • 도착하다

-지 말고

1. 2) 수업 중에 숙제를 하지 말고 수업 후에 숙제를 하세요
 3) 책에 쓰지 말고 공책에 쓰세요
 4) 약만 먹지 말고 병원에 가 보세요
 5) 차가운 물을 마시지 말고 따뜻한 물을 드세요

2. 1) 길이 복잡하니까 택시를 타지 말고 지하철을 타세요
 2) 일을 많이 했으니까 일을 하지 말고 오늘은 쉬세요
 3) 오늘은 날씨가 추우니까 밖에 나가지 말고 집에서 놉시다
 4) (예시 답안) 날씨가 좋으니까 집에 있지 말고 한강 공원에 가요
 5) (예시 답안) K-POP을 좋아하니까 책을 주지 말고 K-POP 콘서트 표를 선물하세요
 6) 지금은 늦은 시간이니까 지금 전화하지 말고 내일 전화하세요

-기 전에

1. 1) 수업을 시작하기 2) 집에 돌아가기
 3) 요리를 하기 / 친구에게 전화를 했어요

2. 1) 한국에 오기 전에 태권도를 배웠어요
 2) 식당에 가기 전에 예약해야 해요
 3) 영화를 시작하기 전에 휴대 전화를 꺼야 해요
 4) (예시 답안) 한국에 오기 전에 일했어요
 5) (예시 답안) 학교에 오기 전에 아침을 먹어요
 6) (예시 답안) 고향에 돌아가기 전에 한국에서 여행을 많이 해 보고 싶어요

3. (예시 답안)

아침을 먹기 전에 씻어요. 학교에 가기 전에 아침을 먹어요. 학교에서 수업하기 전에 친구들과 이야기를 해요. 수업이 끝나면 집에 가기 전에 친구들과 점심을 먹어요. 집에서 저녁을 먹기 전에 좀 쉬고 숙제를 해요. 숙제가 끝나면 컴퓨터를 해요. 그리고 자기 전에 책을 읽어요.

8과

어휘

1. 1) 모국어를 2) 기대면 3) 뛰면
   4) 반바지를 5) 밀어야

2. 2) 기숙사 3) 세탁실 4) 체육실

-아도/어도 되다

1. 1) 이 주스를 마셔도 돼요
   2) 여기에서 기다려도 돼요
   3) 지금 약을 먹어도 돼요
   4) 사무실에 다녀와도 돼요
   5) 휴대 전화를 좀 써도 돼요
   6) 여기에서 음악을 들어도 돼요

2. 1) 먹어도 돼요 2) 가지고 와도 돼요
   3) 입어 봐도 돼요 4) 보내도 됩니다
   5) 가도 돼요

-(으)면 안 되다

1. 1) 사진을 찍으면 안 돼요
   2) 음식을 먹으면 안 돼요
   3) 떠들면(큰 소리로 이야기하면) 안 돼요
   4) 만지면(손대면) 안 돼요

2. (예시 답안)

(공원) 나무를 만지면 안 돼요. / 잔디밭에 들어가면 안 돼요.
(공연장) 떠들면 안 돼요. / 전화를 하면 안 돼요. / 늦게 들어가면 안 돼요.
(운전) 전화를 하면 안 돼요. / 운전을 하기 전에 술을 마시면 안 돼요. / 안전띠를 안 하면 안 돼요.
(비행기) 담배를 피우면 안 돼요. / 큰 소리로 이야기하면 안 돼요. / 뛰면 안 돼요.

종합 연습 (자유 답안)

우리나라에서는 빨간색으로 이름을 써도 되지만 시계를 선물하면 안 돼요. 시계를 선물하면 선물을 받는 사람이 죽을 거예요.(……)

9과

어휘

1. 1) 게시판 — ㉣
   2) 부동산 — ㉡
   3) 아파트 — ㉠
   4) 테니스장 — ㉢
   5) 공장 — ㉥
   6) 급 — ㉤

2. 1) 땀이 2) 광고를 3) 조용해요 4) 풀었어요
   5) 부족해서 6) 전화비가 7) 뜻이 8) 월세가

-기 때문에

1. 2) 오늘 수업이 없기 때문에 시간이 많습니다
   3) 이 책이 재미있기 때문에 사람들이 많이 삽니다
   4) 밥을 안 먹었기 때문에 배가 고픕니다
   5) 매운 음식을 싫어하기 때문에 김치를 안 먹습니다
   6) 요즘 계속 바빴기 때문에 연락을 못 했습니다

2. (예시 답안)
   1) 학교에서 멀기 때문에 이사를 하려고 합니다
   2) 멋있기 때문에 좋아합니다
   3) 그 대학교가 유명하기 때문에 가려고 합니다
   4) 지하철이 빠르기 때문에 지하철을 탑니다
   5) 많이 아프지 않기 때문에 안 갔습니다

-기가 쉽다/어렵다/힘들다……

1. 2) 배우기가 쉬워요
   3) 씻기가 싫어요
   4) 빨래를 하기가 좋아요
   5) 살기가 불편해요
   6) 일하기가 힘들어요

2. (예시 답안)
   1) 이해하기가 어려워요
   2) 하기가 힘들어요
   3) 알기가 쉬웠어요
   4) 보기가 쉬워요(사용하기가 좋아요)
   5) 먹기가 좋아요

종합 연습 (예시 답안)

아르바이트를 하기 때문에 / 일하기가 쉬워요

10과

어휘

1. 1) 정리하세요 2) 출장을 3) 일기 예보를
   4) 잊지 5) 힘이 6) 닮았어요

2.
1) 못생기다	서다
2) 세다	잘생기다
3) 어둡다	약하다
4) 앉다	밝다

–는데/(으)ㄴ데[1]

1. 1) 아는데 2) 가는데 3) 좋은데 4) 작은데 5) 먼데
   6) 살았는데 7) 먹었는데 8) 예뻤는데 9) 불렀는데

2. 1) 예쁜데 2) 작은데 3) 있는데 4) 먹는데
   5) 많았는데(있었는데) 6) 추웠는데

3. (예시 답안)
1) 고향에는 겨울에 눈이 안 오는데 한국에는 겨울에 눈이 많이 와요
2) 학교 식당은 싼데 학교 밖에 있는 식당은 싸지 않아요
3) 키가 큰데 친구는 키가 작아요
4) 물냉면은 안 매운데 비빔냉면은 매워요
5) 옛날에는 차가 적었는데(조금 있었는데) 지금은 차가 많아요
6) 한국에 오기 전에는 한국어를 못했는데 지금은 잘해요

–(으)ㄹ 거예요

1. 1) 읽을 거예요 2) 살 거예요
   3) 들을 거예요 4) 예쁠 거예요
   5) 많을 거예요 6) 더울 거예요
   7) 맛있을 거예요.

2. 1) 비가 올 거야 2) 공부할 거예요
   3) 잘 먹을 거예요 4) 책을 읽는 걸 좋아할 거예요
   5) 같이 살 거예요 6) 작을 거예요
   7) 더울 거예요

종합 연습

괜찮아질 거예요 / 안 매운데 / 잘 못했는데 / 좋아질 거예요

11과

어휘

1. 1) 슬퍼요 2) 고칠 3) 번역하면 4) 잠시
   5) 전공이 6) 관심이

–(으)면서

1. 1) 노래를 부르면서
   2) TV를 보면서
   3) 커피를 마시면서
   4) 음악을 들으면서
   5) 콜라와 팝콘을 먹으면서

2. 1) 커피를(음료수를) 마시면서
   2) 음악을 들으면서(라디오를 들으면서)
   3) 사진을 보면서 친구와 이야기해요
   4) 걸으면서 친구와 이야기를 해요
   5) 밥을 먹으면서 친구와 이야기해요

–(으)ㄹ 줄 알다/모르다

1. 1) 피아노를 칠 줄 알아요
   2) 한자를 읽을 줄 몰라요
   3) 말을 탈 줄 몰라요
   4) 케이크를 만들 줄 알아요

2. 1) 기타를 칠 줄 몰라요
   2) 자전거를 탈 줄 알지만
   3) 탁구를 칠 줄 몰라요
   4) 비빔밥을 만들 줄 몰라요
   5) 읽을 줄 알아요 / 읽을 줄 알아요

종합 연습

고칠 줄 알아요 / 고칠 줄 알아요 / 할 줄 알아요 / 카드 게임을 할 줄 몰라요 / 카드 게임을 하면서

12과

어휘

1. 1) 매주 2) 사과를 3) 월급을 4) 고민이에요
   5) 그만 6) 따라오세요 7) 결정하세요
   8) 즐거워요 9) 벌어요

–(으)려고

1. 2) 심심할 때 읽으려고 책을 샀어요
   3) 여행을 가려고 기차표를 예매했어요
   4) 부탁을 하려고 친구에게 전화했어요

5) 뉴스를 들으려고 라디오를 켰어요
6) 불고기를 만들려고 부엌에 들어갔어요

2. (예시 답안)
1) 이메일을 보내려고
2) 물으려고(물어보려고)
3) 주려고
4) 친구들하고 같이 먹으려고
5) 만들려고

-(으)ㄹ지 -(으)ㄹ지

1. 1) 짜장면을 먹을지 / 짬뽕을 먹을지
2) 백화점에 갈지 / 마트에 갈지
3) 아르바이트를 할지 / 공부만 할지
4) 걸을지 / 버스를 탈지
5) 학교에 갈지 / 말지

2. 1) 연락을 할지 / 말지
2) 혼자 공부를 할지 / 학원에 다닐지
3) 고향으로 돌아갈지 / 말지
4) 더 먹을지 / 그만 먹을지
5) 집으로 돌아갈지 / 더 기다릴지

종합 연습

입으려고 / 이사를 할지 / 말지

13과

어휘

1. 1) 섞어 2) 써세요 3) 뒤집어 4) 볶으세요 5) 익으면

-게

1. 2) 짧게 3) 깨끗하게 4) 맵지 않게 5) 크게 6) 쉽게

2. 2) 맛있게 3) 예쁘게 4) 재미있게
5) 깨끗하게 6) 늦게 7) 따뜻하게

-(으)ㅂ시다

1. 2) 봅시다 3) 읽읍시다 4) 시킵시다
5) 들읍시다 6) 만듭시다
2. 1) 찍읍시다
2) 걸읍시다
3) 눈사람을 만듭시다
4) 다른 식당에 갑시다
5) 제주도로 여행을 갑시다

종합 연습

갑시다 / 만납시다 / 따뜻하게 / 따뜻하게 / 찍읍시다 / 사진을 찍읍시다(그립시다) / (즐겁게) 놉시다

14과

어휘

1. 1) 급한 2) 기뻐할까요 3) 도착했어요
4) 지켜요 5) 퇴근해요 6) 추천해

-(으)ㄹ까요?[2]

1. 2) 어려울까요 3) 좋을까요
4) 많을까요 5) 얼마나 걸릴까요
6) 도착했을까요

2. 1) 많을까요 2) 어려울까요
3) 알까요 4) 결혼하셨을까요
5) (예시 답안) 시험을 잘 봤을까요 / 잘 봤을 거예요

-다고 하다

1-1 2) 날마다 도서관에서 가서 책을 읽는다고 했어요
3) 고향 음식을 자주 만든다고 했어요
4) 오늘 날씨가 좋다고 했어요
5) 고향은 덥다고 했어요
6) 집이 학교에서 멀다고 했어요
7) 어머니가 선생님이라고 했어요
8) 한국 사람이 아니라고 했어요

1-2 2) 주말에 책을 읽었다고 했어요
3) 지난주에 바빴다고 했어요
4) 작년 겨울에 추웠다고 했어요
5) 고향에서 한국어를 배우지 않았다고 했어요
6) 주말에 기숙사에 있을 거라고 했어요
7) 아마 다음 시험은 어렵지 않을 거라고 했어요
8) 아마 제프리 씨 취미는 음악 감상일 거라고 했어요

2. (예시 답안)
1) 한국 친구가 한강이 아주 넓고 경치가 좋다고 했어요
2) '연평해전'을 보세요. 제 친구가 재미있고 이해하기가 쉽다고 했어요.
3) 인삼이 좋으니까 인삼을 사세요. 친구가 한국 인삼이 유명하다고 했어요.
4) 비가 올 거라고 했어요.

5) 알렉세이 씨가 어제 등산을 했다고 했어요.

종합 연습

어떨까요 / 재미있다고 / 어떨까요 / 복잡하다고

15과

어휘

1. 1) 상담 2) 후배가 3) 비밀이니까 4) 전통 5) 댁

–냐고 하다

1-1 2) 수업 후에 어디에서 밥을 먹냐고 했어요
3) 한국 음악을 자주 듣냐고 했어요
4) 주말에 고향 음식을 만드냐고 했어요
5) 김치가 맵냐고 했어요
6) 여자 친구 머리가 기냐고 했어요
7) 한국 생활이 재미있냐고 했어요
8) 어머니가 선생님이냐고 했어요

1-2 2) 지난주에 바빴냐고 했어요
3) 어제 기숙사가 조용하지 않았냐고 했어요
4) 미국에서 회사원이었냐고 했어요
5) 투이 씨가 이사할 때 도와줄 거냐고 했어요
6) 내일 놀이공원에 가서 놀 거냐고 했어요

3. 1) 좋냐고 2) 오냐고
3) (예시 답안) 사냐고 했어요
4) (예시 답안) 매일 밥을 잘 먹냐고 했어요

–(으)라고 하다

1. 2) 조용히 하라고 했어요
3) 책을 읽으라고 했어요
4) 놀이공원에 가서 재미있게 놀라고 했어요
5) 한국 노래를 많이 들으라고 했어요
6) 볼펜 좀 빌려 달라고 했어요
7) 담배를 피우지 말라고 했어요
8) 수업 시간에 휴대 전화를 사용하지 말라고 했어요

2. 1) 마시라고 했어요
2) 담배를 피우지
3) 늦지 말라고 했어요
4) 시험공부를 열심히 하라고 했어요
5) 한국에서 열심히 공부하라고 했어요/하셨어요

종합 연습

올 수 있냐고 / 오라고 / 오라고 했어요 / 오라고

16과

어휘

1. 1) 따로 2) 미리 3) 특별히 4) 떠들지 5) 말라서
6) 찾아봐요

–자고 하다

1. 2) 도서관에 가서 같이 책을 읽자고 했어요
3) 오후에 같이 불고기를 만들자고 했어요
4) 놀이공원에 가서 재미있게 놀자고 했어요
5) 점심 식사 후에 좀 걷자고 했어요
6) 마키 씨가 이사하니까 돕자고 했어요
7) 지금은 비가 오니까 등산을 가지 말자고 했어요
8) 사람이 많으니까 여기에서 사진을 찍지 말자고 했어요

3. 1) 저녁을 먹자고 했어요
2) 만나자고
3) 청소를 하자고 했어요
4) 부산에 가자고 했어요
5) (예시 답안)같이 쇼핑하러 가자고 했어요

–(으)ㄹ 테니까[1]

1. 2) 바쁠 테니까
3) 뜨거울 테니까
4) 올 테니까
5) 걸을 테니까
6) 달 테니까

2. 1) 올 테니까
2) 주말에는 사람이 많을 테니까
3) 말하기 시험이 어려울 테니까
4) 밖이 추울 테니까
5) 지금 안 계실 테니까 나중에 전화하세요

종합 연습

먹자고 / 좋아할 테니까 /
지하철이 빠를 테니까 지하철을 타세요

17과

어휘

1. 1) 늦어졌어요 2) 꿔서 3) 기억하고 4) 촬영하고

5) 내려오세요

–지요?

1. 2) 재미있지요 3) 덥지요 4) 이지요
   5) 만났지요 6) 갈 거지요

2. 1) 좋지요
   2) 맵지요
   3) 시끄럽지요
   4) (예시 답안) 학교에 안 가지요 / 네, 주말에 학교에 안 가요
   5) (예시 답안) 어제 쇼핑을 했지요 / 네, 어제 쇼핑을 했어요

–다가

1. 1) 요리를 하다가 전화를 받았어요
   2) 스키를 타다가 다리를 다쳤어요
   3) 영화를 보다가 슬퍼서 울었어요
   4) 버스를 타고 오다가 길음역에서 지하철로 갈아타세요
   5) 지하철 2호선을 타고 오다가 사당역에서 4호선으로 갈아타세요

2. 1) 오다가
   2) 보다가
   3) 기숙사에 살다가
   4) 자다가
   5) 운동하다가
   5) (예시 답안) 세탁소 앞에서 은행 쪽으로 오다가 길을 건너세요

종합 연습

샀지요 / (예시 답안) 오다가 왼쪽으로

18과

어휘

1. 1) 주의해서 2) 위험하니까 3) 구해야
   4) 익숙해서 5) 뛰어갔어요 6) 늘었어요

–(으)ㄴ 덕분에

1. 2) 책을 많이 읽은 덕분에 아는 것이 많아졌어요
   3) 한국 드라마를 날마다 본 덕분에 한국어 듣기가 좋아졌어요
   4) 기숙사 친구들이 도와준 덕분에 기숙사 생활을 빨리 잘할 수 있었어요
   5) 친구가 소개해 준 덕분에 좋은 아르바이트를 찾을 수 있었어요

2. 2) 부모님 덕분에
   3) 선생님 덕분에
   4) 친구 덕분에

3. 1) 소개해 주신 덕분에
   2) 도와준 덕분에
   3) 읽은 덕분에 많이 알아요
   4) 본 덕분에 유명한 곳을 많이 알아요
   5) (예시 답안) K-POP을 많이 들은 덕분에 한국 노래를 많이 알아요

–거든요

1. 2) 오늘 수영장에 안 갔어요. 감기에 걸렸거든요
   3) 그 영화를 5번 봤어요. 재미있거든요
   4) 주말에 도서관에 갈 거예요. 시험이 있거든요
   5) 떡볶이를 자주 먹어요. 매운 음식을 좋아하거든요
   6) 그 식당에 다시 안 갈 거예요. 맛이 없거든요

2. 1) 여자 친구 생일이거든요
   2) 날마다 운동했거든요
   3) (예시 답안) 어제 잠을 못 잤거든요
   4) (예시 답안) 시험을 잘 봤거든요
   5) (예시 답안) 아름답거든요

종합 연습

이사를 하거든요 / 장핑 씨 덕분에 이사를 잘할 수 있겠어요

19과

어휘

1. 1) 씩 2) 종일 3) 정도 4) 요금이 5) 조언이

–(으)려면

1. 2) 건강하게 살려면 날마다 운동을 하세요
   3) 겨울에 감기에 걸리지 않으려면 따뜻하게 입으세요
   4) 인기 있는 노래를 들으려면 라디오를 들으세요
   5) 친구 이사를 도우려면 9시까지 오세요

2. (예시 답안)
   1) 통장을 만들려면 여권이 필요해요

2) 한국어 말하기를 잘하려면 매일 연습해야 해요
3) 졸업한 후에 한국 회사에서 일하려면 한국어를 더 잘해야 해요
4) 컴퓨터를 싸게 사려면 인터넷에서 사야 해요
5) 이태원에 가려면 학교 앞에서 버스를 타야 해요

–는지/(으)ㄴ지 알다/모르다

1\. 2) 한국에서 언제 비가 제일 많이 오는지 알아요?
3) 우리 반에서 누가 음식을 맛있게 만드는지 알아요?
4) 한국에서 언제가 제일 추운지 알아요?
5) 요즘 무슨 영화가 재미있는지 알아요?
6) 바트 씨가 언제 한국에 왔는지 알아요?
7) 이 공책이 누구 공책인지 알아요?
8) 왕쯔이 씨가 고향에서 직업이 무엇이었는지 알아요?

2\. 1) 어디에 사는지 알아요
2) 어디가 아름다운지 알아요
3) 이리나 씨 생일이 언제인지 알아요
4) 작년에는 언제 첫눈이 왔는지 알아요
5) 이리나 씨가 어디에서 옷을 샀는지 알아요
6) (예시 답안) 투이 씨, 시험이 언제인지 알아요? / 시험은 다음 주 수요일이에요

종합 연습

어떻게 가는지 알아요 / 내리는지 알아요 / 타려면 / 나가야 하는지 알아요 / 얼마인지 알아요

20과

어휘

1\. 1) 걸어요 2) 끊었어요 3) 통화할 4) 승강장
5) 사고가 6) 자꾸

(이)나

1\. 2) 어제 배가 고파서 짜장면을 3그릇이나 먹었어요
3) 그 책을 좋아해서 5번이나 읽었어요
4) 여자 친구를 좋아해서 하루에 20번이나 전화해요
5) 오늘 아침에 교통사고가 나서 집에서 학교까지 2시간이나 걸렸어요

2\. (예시 답안)
1) 5시간이나
2) 3잔이나 마셨어요
3) 10시간이나 잤어요
4) 한국어를 배운 지 7년이나 됐어요
5) 강아지가 5마리나 있어요

–았다가/었다가

1\. 2) 에어컨을 켰다가 껐어요
3) 옷을 샀다가 바꿨어요
4) 문을 열었다가 닫았어요
5) 집에서 나왔다가 다시 들어갔어요

2\. 1) 예약을 했다가 취소해요/예약했다가 취소했어요
2) 샀다가 바꿔요/샀다가 바꿨어요
3) 입었다가 벗어요/입었다가 벗었어요
4) 일어났다가 다시 잤어요
5) 탔다가 내려요/잘못 타서 탔다가 내렸어요
6) (예시 답안) 왜 모자를 썼다가 벗어요/ 쓰고 싶지 않아서 썼다가 벗었어요.

종합 연습

이나 / 탔다가 내렸어요

21과

어휘

1\.

②	③	④	⑤
체크무늬	꽃무늬	줄무늬	물방울 무늬

2\. 1) 결석했어요 2) 그치고 3) 메거나
4) 화려하게 5) 늘

–는/(으)ㄴ 것 같다

1\. 1) ㉡ 2) ㉡ 3) ㉠ 4) ㉠ 5) ㉠ 6) ㉡ 7) ㉠

2\. 1) 좋은 것 같아요
2) 무서울 것 같아요
3) 집에 가신 것 같아요
4) 이사할 것 같아요
5) 좋아하는 것 같아요
6) 친구 생일인 것 같아요

(으)로 하다

1\. 1) 신용 카드로/현금으로
2) 콜라로/커피로
3) 작은 가방으로/큰 가방으로

4) K호텔로/M호텔로
5) 한식으로/양식으로

2. 1) 저는 콜라로 할게요
2) 짧은 양말로 할게요
3) 3시 표로 해요
4) (예시 답안) 8월 22일로 해요
5) (예시 답안) 현금으로 하세요
6) (예시 답안) 아니요, 친한 친구가 결혼할 때는 결혼 선물로 해요

종합 연습

많은 것 같아요 / 어울릴 것 같아요 / 어울릴 것 같아요 / 청바지로 할까요 / 까만색 바지로 할까요 / 청바지로 하세요 / 큰 것 같아요 / 카드로 해도 돼요

22과

어휘

1. 1) 유행해서 2) 맞지 3) 갖고 4) 남은
5) 교환하세요 6) 환불하려면

-(으)니까

1. 2) 버스에서 내리니까 국민대학교 앞이 아니었어요
3) 산꼭대기에 올라오니까 공기도 좋고 경치도 아름다워요
4) 집에 가니까 어머니께서 요리를 하고 계셨어요
5) 창문을 여니까 시원한 바람이 들어왔어요
6) 일기예보를 들으니까 하루 종일 비가 온다고 했어요

2. (예시 답안)
1) 타 보니까 / 편하고 빨라요
2) 배우니까 / 어렵지만 재미있어요
3) 사용하니까 / 인터넷을 할 수 있어서 편리해요
4) 사니까 / 외롭고 힘들어요
5) 떡볶이를 먹어 보니까 / 맵지만 맛있어요
6) 이야기해 보니까 / 재미있고 착해요

-아/어 보이다

1. 1) 커 보여요 2) 날씬해 보여요 3) 어려 보여요
4) 재미있어 보여요 5) 좁아 보여요 6) 많아 보여요

2. 1) 예뻐 보여요 2) 피곤해 보여요 3) 맛있어 보여요
4) 기분이 좋아 보여요 5) 편해 보여요
6) 더워 보여요 7) 아파 보여요

종합 연습

커 보여요 / 입으니까 / 날씬해 보여요 / 같이 입으니까

23과

어휘

1. 1) 모아서 2) 느낀 3) 적어 4) 당황했어요
5) 따라서 6) 정확해요

-아/어 드릴까요?

1. 1) 열어 드릴까요
2) 켜 드릴까요
3) 빌려 드릴까요
4) 찍어 드릴까요
5) 제가 도와 드릴까요
6) 제가 알려 드릴까요

2. 1) 무엇을 도와 드릴까요
2) 포장해 드릴까요
3) 돈을 빌려 드릴까요
4) 제가 가르쳐 드릴까요
5) 물건을 배달해 드릴까요
6) 계산해 드릴까요

처럼

1. 2) 아이처럼 3) 그림처럼 4) 새처럼
5) 농구 선수처럼 6) 집처럼

2. 1) 한국 사람처럼 2) 빌 게이츠처럼 3) 바다처럼
4) 마키 씨처럼 5) 케이크처럼 6) 가족처럼

종합 연습

잘라 드릴까요 / 이 사진처럼 / 손님처럼 / 해 드릴까요 / 만들어 드릴까요 / 현금처럼

24과

어휘

1. 1) 결과가 2) 배송이 3) 생활용품을
4) 종류 5) 내용을

2. 1) 소중한 2) 튼튼해서 3) 끌 4) 느려서

-는데/(으)ㄴ데[2]

1. 2) 우리 반에는 남학생들이 많은데 모두 친절하고 열심히 공부해요

3) 도서관에서 공부하고 있는데 친구한테 전화가 왔어요
4) 아침에 일기 예보를 들었는데 오후부터 비가 올 거라고 했어요
5) 막걸리는 한국 술인데 쌀로 만들어요
6) 한국 사람들은 여름에 냉면을 많이 먹는데 아주 시원하고 맛있어요

2. (예시 답안)
1) 이분은 제 아버지인데 선생님이세요
2) 제 고향은 부산인데 경치가 아름다워요
3) 지금 기숙사에 사는데 좁아서 이사하려고 해요
4) 어제 술을 많이 마셨는데 생각이 안 나요
5) 한 시 기차표하고 세 시 기차표가 있었는데 세 시 표로 샀어요
6) 요금 국민대학교에서 한국어를 배우고 있는데 너무 재미있어요

밖에

1. 2) 5분밖에 안 걸려요
3) 1주일밖에 안 됐어요
4) 한 번밖에 안 갔어요
5) 우유밖에 못 마셨어요
6) 한 명밖에 없어요

2. 1) 조금밖에 못 했어요
2) 5분밖에 안 남았어요
3) 라면밖에 없어요
4) 두 번밖에 안 만났지만
5) 만원밖에 없어요
6) 이름밖에 몰라요

종합 연습

샀는데 / 3일밖에 안 됐어요 / 까만색밖에 없어요 / 좋은데(사고 싶은데)

25과

어휘

1. 1) 소식을 듣다 2) 번호표를 뽑다 3) 접수를 하다
4) 짐을 싸다 5) 보험에 들다

2. 1) 번호표를 뽑은 2) 짐을 싸고 3) 소식을 듣고
4) 접수를 하고 5) 보험에 들어서

-나요/(으)ㄴ가요?

1. 1) ㉠ 2) ㉡ 3) ㉡ 4) ㉡ 5) ㉠ 6) ㉠ 7) ㉠

2. 1) 출발하나요 2) 여나요 3) 보내실 건가요
4) 밥은 드셨나요 5) 적은가요 6) 얼마인가요
7) 있나요

-고 나서

1. 2) 부모님과 전화하고 나서 울었어요
3) 문법 설명을 듣고 나서 쓰세요
4) 여자 친구를 사귀고 나서 더 멋있어졌어요
5) 생각해 보고 나서 다시 올게요
6) 책을 다 읽고 나서 친구한테도 빌려 줬어요

2. 1) 밥을 먹고 나서
2) 물어보고 나서
3) 듣고 나서
4) 김치를 넣고 나서
5) (예시 답안) 숙제를 하고 나서 친구를 만날 거예요
6) (예시 답안) 수업이 끝나고 나서 밥을 먹을 거예요

종합 연습

뽑나요 / 뽑고 나서 / 쓰고 나서 / 쓰나요 / 쓰나요 / 닫나요

26과

어휘

1. 1) 긴장해서 2) 기대했는데 3) 알아보고
4) 나눠서 5) 실수하니까

-아서/어서 그런지

1. 2) 점심을 늦게 먹어서 그런지
3) 세일이어서 그런지
4) 성격이 좋아서 그런지
5) 눈이 많이 와서 그런지
6) 시험 때 긴장해서 그런지

2. 1) (예시 답안) 아파서 그런지
2) 아침 운동을 해서 그런지
3) 주말이어서 그런지
4) 커피를 많이 마셔서 그런지
5) (예시 답안) 한국 친구가 많아서 그런지
6) (예시 답안) 책을 많이 봐서 그런지

-(으)ㄹ 테니까[2]

1. 2) 제가 음식을 만들 테니까 카오루 씨는 설거지를 하세요
   3) 제가 영화표를 예매할 테니까 같이 영화 보러 갑시다
   4) 사무실에서 기다릴 테니까 거기로 오세요
   5) 택배로 보내 드릴 테니까 주소를 가르쳐 주세요

2. 1) (예시 답안) 야채를 씻을 테니까
   2) 호텔을 알아볼 테니까
   3) 저녁을 살 테니까
   4) 도와줄 테니까
   5) 할 테니까

종합 연습

알아볼 테니까 카오루 씨가 호텔을 알아보세요 / 방학이어서 그런지 / (예시 답안) 아직 시간이 있어서 그런지 / 호텔을 예약할 테니까 제프리 씨는 비행기표를 예약하세요

27과

어휘

1. 1) 답장해 2) 꼈어요 3) 공연을 4) 경험을 / 쌓으세요
   5) 장학금을 6) 노약자가 7) 기념하기

-는/(으)ㄴ 줄 알다

1. 1) ㉠ 2) ㉠ 3) ㉡ 4) ㉠ 5) ㉠ 6) ㉡ 7) ㉠

2. 1) 게임하는 줄 알았어요
   2) 비가 올 줄 알았어요
   3) 저는 산 줄 알았어요
   4) 매운 줄 알았어요
   5) 아픈 줄 알았어요
   6) 한국 사람인 줄 알았어요

-기 위해서

1. 2) 날씬해지기 위해서 매일 운동하고 있어요
   3) 돈을 벌기 위해서 회사에 취직했습니다
   4) 병이 빨리 낫기 위해서 약을 먹어야 합니다
   5) 어려운 사람들을 돕기 위해서 학생들이 조금씩 돈을 모았어요

2. (예시 답안)
   1) 스트레스를 풀기 위해서
   2) 여행을 가기 위해서
   3) 영어를 배우기 위해서
   4) 제 꿈을 위해서
   5) 사랑하는 사람을 위해서
   6) 건강을 위해서

종합 연습

(예시 답안) 한국어를 배우기 위해서 / 한국 문화를 알기 위해서 / 비슷한 줄 알았어요 / 불친절한 줄 알았지만 / 한국어를 잘하기 위해서

28과

어휘

1. 2) 벽에다가 액자를 걸었어요
   3) 냉동실 안에다가 생선을 넣었어요
   4) 꽃병에다가 꽃을 꽂았어요
   5) 유리 그릇에다가 뜨거운 음식을 담았어요

아무 ~(이)나

1. 2) 아무거나 3) 아무 데나 4) 아무 때나
   5) 아무나 6) 아무거나
2. 1) 아무 때나 괜찮아요 2) 아무거나 쓸게요
   3) 아무 때나 좋아요 4) 아무 데나 앉읍시다
   5) 아무거나 편하게 입으세요 6) 아무나

에다가

1. 2) 창문 근처에다가 3) 책상 위에다가
   4) 쓰레기통에다가 5) 손바닥에다가 6) 책꽂이에다가

2. 1) ______ 씨 가방에다가 넣어 줄 수 있어요
   2) 그릇에다가 더세요
   3) 커피에다가 설탕을 넣어 드릴까요
   4) 책상 위에다가 책을
   5) 꽃병에다가 동전을 넣어요
   6) 게시판에다가 붙이세요

종합 연습

저 방에다가 놓으세요 / 창문 앞에다가 놓고 / 책상 위에다가 놓으세요 / 아무 데나 놓을게요 / 아무거나 먹어요

29과

어휘

1. 1) 교통사고가 2) 수술을 3) 품질

4) 국립 5) 해외여행을

-(으)ㄴ 적이 있다/없다

1. 1) ㉠ 2) ㉡ 3) ㉡ 4) ㉠ 5) ㉠ 6) ㉡

2. 2) 아르바이트를 한 적이 3) 사진을 찍은 적이
4) 배운 적이 있어요 5) 탄 적이 없어요

3. 1) 네, 타 본 적이 있어요/아니요, 타 본 적이 없어요
2) (예시 답안) 한국 소설을 읽은 적이 있어요
3) 네, 산 적이 있어요/아니요, 산 적이 없어요
4) 네, 들어본 적이 있어요/아니요, 들어본 적이 없어요
5) (예시 답안) 바다에서 수영을 해 본 적이 있습니까?

에 비해서

1. 2) 가격에 비해서 품질이 좋아요
3) 나이에 비해서 젊어 보여요
4) 학생 수에 비해서 기숙사 방이 좁아요
5) 키에 비해서 발이 커요

2. (예시 답안)
1) 1급에 비해서 어려워요
2) 네, 그런데 윤아 씨 동생은 윤아 씨에 비해서 키가 커요
3) 한국의 겨울은 몽골에 비해서 따뜻해요
4) 네, 가격에 비해서 맛있어요
5) 학교 앞에 비해서 복잡했어요

종합 연습

1) 부산에 간 적이 / (예시 답안) 서울에 비해서
2) 베트남에서 파는 것에 비해서 / 한국에서 러시아 음식을 먹어 본 적이 있어요 / (예시 답안) 양에 비해서

30과

어휘

1. 1) 안색이 / 푹 2) 규칙적 3) 시합이 4) 마중

2. 1) 세워야 2) 혼날 3) 상담하니까 4) 지저분합니다

-기로 하다

1. 2) 끊기로
3) 믿지 않기로
4) 결혼하기로
5) 취소하기로 했어요
6) 운동하기로 했어요/합시다

2. 2) (예시 답안) 노래방에 가기로 했어요
3) (예시 답안) 꼭 먹기로 했어요
4) 일찍 오기로 했어요
5) (예시 답안) 다이어트를 하기로 했어요/살을 빼기로 했어요
6) (예시 답안) 이사를 하기로 했어요

-아야겠다/어야겠다

1. 2) 불러야겠어요 3) 배워야겠어요
4) 걸어야겠어요 5) 만들어야겠어요

2. 1) 다이어트를 해야겠어요
2) 교환해야겠어요
3) 커피를 마셔야겠어요
4) 게임을 하지 말아야겠어요
5) 서비스 센터에 가야겠어요
6) 밥을 먹지 말아야겠어요

3. (예시 답안)
2) 집에 가서 쉬어야겠어요
3) 서비스센터에 전화해야겠어요
4) 쇼핑을 조금만 하세요 / 네, 쇼핑을 조금만 해야겠어요
5) 커피를 조금만 드세요 / 네, 커피를 조금만 마셔야겠어요

종합 연습

서울에 오기로 했어요 / 가기로 했어요 /
선물을 사야겠어요

31과

어휘

1. 1) 두부 2) 데 3) 늦잠을 4) 차갑지
5) 떨려서 6) 질러요

-(으)ㄹ래요

1. 2) 들을래요 3) 줄래요/주실래요
4) 부를래요 5) 팔래요/파실래요

2. 1) 마실래요 2) 먹을래요

3) 갈래요 4) 걸을래요 5) 만들래

3. (예시 답안)
드실래요 / 먹을래요 / 비빔밥 / 김치찌개 / 비빔밥 / 주실래요

아무 ~도

1. 2) 아무 일도 3) 아무 말도 4) 아무 소리도 5) 아무 연락도 6) 아무것도

2. 아무것도 / 아무도 없었습니다 / 아무것도 할 수 없었습니다 / 아무도 없었습니다 / 아무도

종합 연습

아무것도 못 먹었어요 / 병원에 갈래요 / 가 줄래요

32과

어휘

1. 1) 노인 2) 자연 3) 습관 4) 외모

2. 1) 게을러서 / 부지런해요 2) 통통한 3) 치워 4) 왜냐하면

-는/(으)ㄴ 편이다

1. 1) ㉡ 2) ㉡ 3) ㉠ 4) ㉠ 5) ㉠ 6) ㉡

2. 1) 타는 편이에요
2) 춥지 않은 편이에요
3) 깨끗한 편이에요
4) 부르는 편이에요
5) 좋아하지 않는 편이에요

3. (예시 답안)
2) 일찍 일어나는 편이에요
3) 교실이 조용한 편이에요
4) 자주 이용하지 않는 편이에요
5) 가방이 가벼운 편이에요

-기는 하지만

1. 2) 텔레비전을 보기는 하지만
3) 힘들기는 하지만
4) 바쁘기는 하지만
5) 칠 줄 알기는 하지만

2. (예시 답안)
2) 마음에 들기는 하지만 좀 비싼 것 같아요
3) 하기는 하지만 좋아하지는 않아요
4) 가고 싶긴 하지만 아르바이트가 있어서 못 가요
5) 도착하기는 했지만 아직 사람들이 안 나오고 있어요
6) 일찍 일어나기는 했지만 길이 막혀서 학교에 지각했어요

종합 연습 (예시 답안)

요즘 바쁘기는 하지만 / 좋아하기는 하지만 / 자주 보는 편이에요

33과

어휘

1. 2) 콧물이 3) 열이 4) 주사를 5) 기침이 6) 여드름이

~도 -고

1. 2) 열도 나고 목도 아파요
3) 그 식당이 값도 싸고 음식도 맛있어요
4) 제 남자 친구는 성격도 좋고 목소리도 좋아요
5) 제주도에서 말도 타고 바다낚시도 했어요

2. 1) 영화도 보고 산책도 했어요
2) 바람도 불고 눈도 와요
3) 따라 부르기도 쉽고 재미도 있어요
4) (예시 답안) 한국말도 잘할 수 없고 음식도 잘 먹을 수 없어서 힘들어요
5) (예시 답안) 성격도 좋고 재미있는 말도 잘해서 좋아해요

3. 1) (예시 답안) 투이 씨는 목소리도 좋고 얼굴도 귀여워서 부러워요
2) (예시 답안) 알렉세이 씨는 한국말도 잘하고 영어도 잘해서 부러워요

-(으)면 되다

1. 2) 자주 운동하면 돼요
3) 사전에서 찾으면 돼요
4) 다시 만들면 돼요
5) 듣기 mp3를 많이 들으면 돼요.
6) 노래를 부르면 돼요

2. 1) 외국인 등록증만 있으면 돼요

2) 학생증만 있으면 돼요
3) 복사 버튼만 누르면 돼요
4) 요가 선생님만 따라 하면 돼요
5) 이름만 쓰면 돼요
6) (예시 답안) 거실 청소만 하면 돼요(쓰레기만 버리면 돼요)

종합 연습

9월 10일 / 남이섬 / 10시까지만 오면 돼요 /
학교에서 도시락도 주고 음료수도 준다고 해요 /
개인 준비물만 가지고 오면 돼요

34과

어휘

1. 2) 목이 붓다
3) 약을 짓다
4) 우유를 붓다
5) 줄을 긋다
6) 달걀을 젓다

2. 1) 과식했을 때
2) 처방전을
3) 끓기
4) 피부가
5) 귀찮으면

ㅅ 불규칙

기본형	–아요/어요	–(으)세요	–(으)니까	–고	–습니다/ㅂ니다
붓다	부어요	**부으세요**	부으니까	붓고	붓습니다
낫다	나아요	나으세요	나으니까	낫고	낫습니다
짓다	지어요	지으세요	지으니까	짓고	짓습니다
젓다	저어요	저으세요	저으니까	젓고	젓습니다
잇다	이어요	이으세요	이으니까	**잇고**	잇습니다
긋다	그어요	그으세요	그으니까	긋고	긋습니다
웃다	웃어요	웃으세요	**웃으니까**	웃고	웃습니다
씻다	씻어요	씻으세요	씻으니까	씻고	씻습니다
벗다	벗어요	벗으세요	벗으니까	벗고	벗습니다

2. 1) 저어야 / 저으세요 2) 그으세요 3) 부었어요
4) 지은 5) 나았어요

–아도/어도

1. 2) 더워도 3) 전화해도 4) 힘들어도
5) 늦어도 6) 읽어도(읽어 봐도)

2. 1) 힘들어도 2) 기다려도 3) 작아도 4) 맛없어도
5) 피곤해도 숙제를 하세요(피곤해도 숙제를 해야 해요)

글쓰기 (예시 답안)

특히 아침은 먹기 싫어도 꼭 먹는 것이 좋아요. 그러나 배가 고파도 밤늦게 음식을 먹으면 안 돼요. 셋째, 하루에 7시간을 자는 것이 좋아요. 보고 싶은 텔레비전 프로그램이 있어도 건강을 위해서 일찍 주무세요.

35과

어휘

1 1) 답답할 2) 칭찬해 3) 봉사 4) 들어요 5) 모양

2. 1) 센티미터 2) 킬로미터 3) 리터 4) 밀리리터
5) 그램 6) 칼로리

–는 게 어때요?

1. 2) 머리 모양을 바꿔 보는 게 어때요
3) 학교 안 체육실에서 운동하는 게 어때요
4) 인터넷 뱅킹을 이용하는 게 어때요
5) 커피를 줄이는 게 어때요

2. 1) 배를 타고 가는 게 어때요
2) 빠른 음악을 듣는 게 어때요
3) 주사를 맞는 게 어때요
4) 새 휴대폰을 사는 게 어때요
5) 만리장성에 가 보는 게 어때요
6) 케이크를 만들어 주는 게 어때요

마다

1. 1) 화요일마다 피아노를 배워요
2) 일요일마다 등산을 해요
3) 날마다
4) 청소를 2주마다 해요
5) 아니요, 매달 1일마다 용돈을 받아요

2. (예시 답안)
   1) 주말마다 영화를 봐요(시간이 있을 때마다 청소를 해요)
   2) 날마다 운동을 해요(심심할 때마다 운동을 해요)
   3) 부모님이 보고 싶을 때마다 전화를 해요
   4) 스트레스를 받을 때마다 노래방에 가요
   5) 고향 음식을 볼 때마다 고향 생각이 나요

종합 연습

스트레스를 받을 때마다 빠른 음악을 들어요 /
빠른 음악을 들으면 / 빠른 음익을 듣는

36과

어휘

1. 1) 궁금해요 2) 마늘 3) 토마토를 4) 기능 5) 방송국

2. 1) 과목은 2) 도시락을 3) 끼리
   4) 신입 사원이라고 5) 애완동물

에 대해서

1. (예시 답안)
   1) 분위기에 대해서 알고 싶어요
   2) 여행 날짜에 대해서 얘기했어요
   3) 한국 영화에 대해서 발표할 거예요
   4) 취미에 대해서 더 알고 싶어요
   5) 가족에 대한 거였어요

2. (예시 답안)
   1) 토픽 점수를 잘 받는 방법에 대해서 자주 알아봐요
   2) 한국 문화에 대해서 공부하고 싶어요
   3) 취미에 대해서
   4) 한국어 공부 방법에 대한 책을 읽었어요
   5) 미래 사회에 대한 영화를 봤어요

-게 되다

1. 1) 운동을 하게 되었어요
   2) 담배를 피우게 되었어요
   3) 요리를 하게 되었어요
   4) 강아지를 키우게 되었어요
   5) 결혼하게 되었어요

2. 1) (예시 답안) 한국 드라마를 좋아해서 한국어를 배우게 됐어요
   2) 한국에 온 다음에 요리를 하게 되었어요
   3) 한국에 온 다음에 혼자 살게 되었어요
   4) (예시 답안) 한국 노래 / 음악이 신나서(가수가 멋있어서) 좋아하게 되었어요
   5) 친구가 소개해 줘서 알게 되었어요

종합 연습 (예시 답안)

오게 되었어요 / 오게 되었어요 / 역사에 대한 /
왜 좋아하게 되었어요